찬양자를 위한 묵상

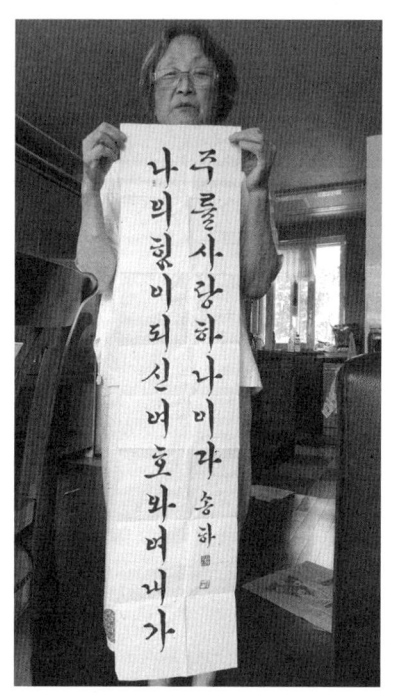

내 영혼의 스승,

어머니 임명숙 님께 바칩니다.

찬양자를 위한 묵상

이선종

예솔

찬양하는 자들을 위한 기도

프롤로그

엊그제 새벽 기도를 끝내고 얼떨결에 제게 눈물을 감추지도 못하신 자매님. 사랑하는 마음은 우리에게 많은 소중한 것을 아끼다 가슴이 먹먹하여 울게 하지요. 우리는 모두 어설픈 세월 속에서도 여전히 사랑하려는 소중한 마음 때문에 앓고 있습니다.
우리의 잘못으로 십자가에 달리신 주님의 마음부터 우리의 생명활동으로 세상을 사는 자녀들을 바라보는 아비 어미의 마음에 이르기까지 부족한 우리를 함께 보듬고 가는 주변의 사람들 모두 주의 사랑에 빚진 마음에 삽니다.

사랑하는 마음에 깃든 고귀한 영을 바라봅니다.
찬양할 때 많이 그 영을 누리고 만지고 봅니다.

참으로 착하고 너그러워 헌신적이신 분,
음악을 좋아하여 주님 찬양할 때
하나님의 영이 깨어나시는 분,
주님 닮아 너무나 겸손하셔서
언제나 감사와 위로를 전하시는 분,

조금 늦게 나오실 때도 꼭 전화하셔서 미안해하시는 분,
찬양대실에 도착하자마자 일부터 하시는 분,
멀리 출장 갔다 돌아오실 때도 가장 먼저 전화하여 안부를 묻고
찬양대에 중요한 할 일이 있는지 물으시는 분,
언제건 심부름이 있을 때 먼저 일어나시는 분,
찬양할 때마다 스스로 부족하다 하며 미안해하시는 분,

늘 그렇지만 부족한 지휘자(리더)를 운명이라 생각하고
참아주고 용서해 주시는 분,
이분들의 찬양 덕분에 예배를 섬기는 찬양대원들의 예배는
언제나 감격에 차 있을 것입니다.

우리들의 착한 섬김 대원들을 올립니다.
피아노 반주자와 오르간 반주자 찬양팀(싱어, 기타, 타악기, 키보드),
그리고 담임목사님과 대장님, 총무님,
그리고 임원들의 수고와 중보기도자들의 헌신을 축복합니다.

지난 것 중 좋은 것만 남기고 혹여 버릴 것이 있다면
지금 가르쳐 달라고 기도합니다.
우리는 끊임없이 하나님께 드리는 예배를 수종들뿐 아니라
삶으로 찬양하는 자가 되게 해달라고 기도해 왔습니다.

노래하는 자들이 되는 것 이전에
우리의 삶이 하나님 앞에 예배하는 자로 살고 싶어서입니다.

예배자로 선다는 것은 하나님을 먼저 섬기고
하나님이 나의 삶에 가장 우선이 되어야 한다고 믿습니다.

아무리 화가 나도, 아무리 억울해도,
나의 치솟는 감정을 누르고 하나님을 예배하는 것이요,
내 삶에 결코 세상의 것들이 속하지 않기를 원합니다.
우리의 예배는 하나님이지 우리와 함께 찬양하는 동료가 나의 대적이
되지 않게 하리라.
오직 사단만이 나의 대적이요,
그 어떤 사람으로 인해
하나님의 임재를 빼앗기를 절대로 원하지 않겠습니다.

또 나는 내 마지막 호흡까지 찬양하고
남을 세우고 세상 사람이 알아주든지 말든지
오직 주님의 뜻에만 순종하며 종노릇 하는
순례의 삶이 되도록 꿇어 엎딥니다.

이 신령한 기도의 사건이 제 앞에 계신 주께서 우리에게 주시는 신호는
언제나 죽도록 겸손하고 주 앞에 빈자로 남으라는 신호로 깨닫습니다.

오늘 우리 찬양하는 이들에게 주신 의무를 생각합니다.
지금 이 시간 아직 그 병동에서 삶이 아름다운 것을 모르고 살아가는 육신의 고통과 싸우고 있는 사람들에게, 예수를 마음껏 찬양할 수 없는 그 엄청난 두려움 앞에선 이들에게, 고통이 극에 달해 있지만 이미 천국을

누리고 있는 성령의 사람들에게, 단지 온 마음을 옥죄어 죽음을 기다리며 간절히 기도하는 분들에게, 우리의 찬양이 그들의 음식이 되게 하옵소서.

그 엄청난 눈물로 아뢰는 아픔 앞에서, 영성 깊은 성도들의 그 하나님과의 교제 앞에, 화가 난 사람이 가진 악의 소용돌이에서 벗어나지 못하는 너무나 안타까운 분들에게, 살아있는 것도 힘들어 간신히 그 밤에 견디어 내는 정신을 제어하지 못하고 방황하는 젊은이들과 가난과 냉담을 치르는 마음, 병들어 생기를 잃은 아픔 위에 특별히 소망이 되게 하옵소서.

우리는 그들 앞에서 지금 여전히 너무나 부요합니다. 주님 지나가는 풍요의 늪에 빠져 주께서 우리에게 그 찬란하고 영롱한 영의 양식인 만나와 진정 생명이 빛나는 그 선물을 느끼지 못하고 세월을 낭비하는 우리의 영적 게으름을 용서하옵소서.

주님, 우리는 주님의 그 영광의 세계를 바라보는 자 되게 하옵소서.
때때로 아픔에 처해 이런 삶에 노출되고 때로 넘어지더라도
다시 일어나 바로 이런 삶,
예배의 삶을 향해 나아가기를 기도합니다.

부디 오늘 이 기도를 통해
우리의 지휘자와 찬양팀을 새 마음으로 받으며
마음 추스르고 새 대원들과 팀원으로 받으며
간절히 거듭난 삶의 기도로 맞게 해주옵소서.

주님, 마지막으로 예배 앞에 두려움을 주옵소서.
두려움이 없이 주의 임재를 감당할 수 없기 때문입니다.

주의 마음과 현시를 눈과 귀와 마음으로 보고 듣고 통시하게 하옵소서.
주의 영광이 드러나게 하옵소서.
주님을 송축합니다.

예수님 이름으로 기도합니다.

목차

찬양하는 자들을 위한 기도 (프롤로그) 5

1. 찬송하는 자의 고백 (1)	13
찬송하는 자의 고백 (2)	18
2. 나는 2인자	21
3. 동행자의 예배	30
4. 두려움과 찬송	34
5. 지휘자(찬양자)의 마음 조율 (1)	40
지휘자(찬양자)의 마음 조율 (2)	44
6. 마음 키우기	49
7. 새 노래란 무엇인가? (1)	56
새 노래란 무엇인가? (2)	61
8. 생명의 찬양	64
9. 눈을 들라	69
10. 최후 로드맵	75
11. 영성 이야기	79
12. 척후병 그 영원한 의무	84
13. 오래될 사랑을 노래함	88
14. 균형을 잃은 찬양대	96
15. 전심의 찬양	114

16. 의로운 것을 향한 눈물	118
17. 입김	120
18. 종의 자아상	133
19. 지휘자의 덕목, 두려움	140
20. 찬양은 하나님의 침묵에 귀 기울이는 자	155
21. 찬양을 입에 둔 자를 보고 두려워함	157
22. 한 시내가 있어 성소를 기쁘게 함	167
23. 기쁨으로 영원한 하나님을 찬양한다	171
24. 꿈꾸는 자의 영성	176
25. 찬송의 옷	182
26. 칠감	189
27. 안전지대	197
28. 찬양자가 가보아야 할 특별한 다른 세계	204
29. 찬양대의 준비성	207
30. 찬양의 여정	224
31. 자기 생각	235
32. 예배는 레슬링인가, 권투시합인가?	239
33. 찬양자와 음악가 무엇이 다른가?	248

1
찬송하는 자의 고백 (1)

여호와여 주는 나의 찬송이시오니 나를 고치소서 그리하시면 내가 낫겠나이다 나를 구원하소서 그리하시면 내가 구원을 얻으리이다 보라 그들이 내게 이르기를 여호와의 말씀이 어디 있느냐 이제 임하게 할지어다 하나이다 (렘 17:14-15)

찬송이라고 고백하는 자의 마음에는
그분의 임재의 흔적이 있다.
주는 나의 찬송이 되신다.
주는 살아계시다.

처참한 현실 속에서
아무도 그의 살아계심을 믿지 못하는 상황에서
그분은 나의 찬송이시다.

나의 입술 끝에 항상 노래처럼 부르고 싶고 항상 대화하며 계시는 분이시다.

나의 피부 끝에 살아있고 역동하는 분이시다.
나를 고치려면 치료하는 분이라 고백해야 할 것을 찬송이 되신다 하신다.
모든 것이 그분으로 인해 어찌어찌 될 수도 있고 안 될 수도 있는 불확실한 분이거나
어떤 한정된 기능만 도우시거나 특별할 때만 나타나시는 분이 아니라,
우리가 알고 있는 그 모든 상황을 뛰어넘는 더 크고 거대한 전천후의 하나님이시다.

그분의 놀라운 움직임과 그의 입김을 매 순간 느끼고 산다.
그분의 살아계심 때문에 함께 크게 생동하는 인생이다.
나의 영이 그분의 영과 깊이 교감하고 있음을 강력히 호소한다.

하나님이 나의 구원자이심을 온전히 아는 자,
샅샅이 아는 자가 말하는 소리다.
자신이 존재하는 모든 것이라고 일컬어 '주는 나의 찬송'이시라고 외친다.
주는 그렇게 기꺼이 나 같은 존재 앞에서도 드러나시는 분이시다.
찬송 받으실 이에 대해 그 무엇보다 앞서고
그 누구보다 생명 앞에 선 자의 전격적인 선포가 아닐 수 없다.

나의 찬송이 되시기에 내 생명이 주께만 그 소재가 있으시다 한다.
찬송이 아니라 하는 자들이 내는 소리는 여호와의 말씀이 어디 있느냐 한다는 것이다. 거꾸로 말하면 찬송이라고 고백하는 자의 마음에

는 그분의 임재의 흔적이 있다. 그의 피부 끝에 처절한 임재의 증거가 있다. 찬송하는 자가 찬송 받으실 분이라 고백하는 마음에는 그분의 모든 것을 아는 것이다. 그래서 찬송이 난다.

그러므로 찬송은 자기 울음이 아니라 온 천지의 울음이다.
찬송은 얕은 소리매체가 아니라
그의 존재 앞에 놀라 자빠져 없어져 버리는 우주를 울리는 천둥이다.
아니 너무나 미세하게 살아 숨쉬기에 웅얼거리는
주의 마음이 피어난 순 같은 미어짐이다.

주의 살아계심은 생명의 증거인 피다.
오감과 온 유기체 안에 피처럼 흐르고 있다.
주의 존재로 인하여 모든 생명의 목적들이 살아있음을 고백한다.
이런 고백을 할 때 주는 찬송 받을 자라 말한다.

찬송은 이처럼 매우 높은 신뢰와 높은 소속감이 있는
감동과 놀람의 경지에서 일어난 전격적 고백이다.

찬송은 이를 아는 자들이 부르는 행동이다.
심지어 찬송은 나를 고칠 수 있다는 것이다.
나의 모든 것을 바꾸실 수 있다 한다.
찬송하는 자의 고백이다.
찬송하는 자의 마음에 미친 이 경지는
주의 살아계심이 자신의 혀와 피부 끝에서

저절로 증거가 된 자지러지는 고백이다.

위의 증언이 주는 지식은 주님과 찬양자 간에 떼려야 뗄 수 없는 강력한 비밀통로가 있다는 것이다. 이 말은 찬양하는 자가 주님과의 확신 있는 비밀통로 없이 부르는 경지가 아닌 찬양에 대해 비판하고 있다고 보아야 한다. 자신을 해체하고 고칠 수 없는 찬양은 찬양이 아니라는 것이다. 찬양은 온 세상이 믿지 않는 순간에 이를지라도 여전히 그곳에서 빛을 발하는 숨길 수 없는 외마디이다. 하나님을 가진 자가 하나님의 흔적이라곤 보이지 않는 종말에 이르러서도 그는 살아계신다고 저절로 외쳐지는 것이다.

요즈음 하나님을 말하는 자가 자신의 견해 아래 두는 자들이 너무 많아졌다. 하나님 현상을 정치판 아래 두기도 하고 하나님 현상을 사회정의 안에 가두기도 하고 철학과 학문 아래 심지어 교회 조직과 친교 안에 복음의 이름으로 가두기도 한다.

복음은 모든 것에 통하고 사람의 생각 위에 있다. 이 복음은 하늘의 선물이다. 이 선물이 우리의 찬양이다. 하나님은 우리에게 찬양이시다. 우리 위에 계시다. 그렇기 때문에 우리를 고치실 수 있는 자이시다. 찬양은 그렇게 고백하는 것이다. 이 비밀통로에는 세상을 향한 주의 적극적인 관여가 나타난다. 찬양하는 자가 지닌 새로움의 눈(새순)은 주의 마음이 어디 있는지를 보는 측에 있다. 그러므로 찬양은 누구든지 할 수 있다. 어린아이와 학식이 낮은 자들과 직업이 변변찮은 자와 옷을 세련되게 입지 못하는 자와 뇌가 온전치 못한 자, 가난하고 소외된 자, 주변으로부터 칭찬을 받지 못하는 자에게도 있다. 누구든 부를 수 있어서 찬양하는 게 아니라 누구에게든 나타나실 수 있는 주님으로 인해 찬양이 불리는 것이다. 찬양은 기술과 연주가 아니라 영의 고백이요, 전인격적인 소리다.

찬송하는 자의 고백 (2)

찬양심(讚揚心), 귀로 듣는 영(靈)

그것들이 여호와의 이름을 찬양함은 그가 명령하시므로 지음을 받았음이 로다 (시 148:5)

(번역) 여호와 그 높은 이름을 찬양합시다. 왜냐하면 그가 명령하셨고 우리는 지음을 받았기 때문입니다.

조금 더 세밀하게 의역하면, "창조물들은 스스로 주를 찬양하도록 지어졌으니 찬양합시다. 왜냐하면 주가 명령하셨기 때문에 우리는 지어졌고 또 주가 명해서서 찬양하도록 지음받았습니다." 주께서 우리를 자신 안에 두심으로 우리는 불가불 주 안에 있음으로 인해 혜택받는 기쁨의 존재다. 창조자의 사랑 안에서, 그의 존재 안에 있는 피조물이다. 어떻게 보면 창조자의 의지 안에 있는 제한된 존재 같으나 그 창조자는 무한 사랑을 주시는 분이시다. 무한 사랑 안에 심지어 그를 거역할 자유마저 주셨다. 아들을 사랑하는 아버지이시다.

그런데 그의 내면에는 말할 수 없는 기쁨과 요람의 안락함과 능력과 신령함이 있다. 때문에 피조자는 그의 품에 있는 모든 것들에 의해 감동의 존재가 된다. 우리는 그의 크신 능력에 놀라는 존재다.

이런 긴 설명 뒤에 한 가지 드러나는 것은 찬양하는 존재라는 뜻에는 '관계하는 존재'의 의미가 있다. 찬양은 아무것도 모르고 숭배하는 종교행위가 아니라 관계에 반응하는 존재다. 즉 우리가 우리를 창조하신 그분의 신령과 능력과 은혜에 감격하는 것은 그분이 우리의 반응으로 큰 기쁨의 관계에 서실 수 있기 때문이다. 우리는 사랑을 받고 그분은 그 사랑에 반응하는 우리의 찬양을 받는 것이다.

조금 더 나아가 그분의 존재로서 다가오시는 통시를 알아야 그분의 신령과 능력을 알 수 있다. 찬양하는 자는 그분이 누구이신지 아는 자다.

우리는 그렇게 찬양하는 존재이다. 찬양을 통해서 우리의 정체성을 맛본다. 스스로 찬양함으로만이 나의 존재를 주 앞에 던져 놓을 수 있다. 주는 나의 영원한 친구요 하나님이요 나의 주시다. 이 정체성이야말로 우주적 존재로 하나님 앞에 설 수 있는 가장 신령한 존재 방식이다. 주께서 이를 아시고 주를 찬양하는 자로 만드셔서 자신과 소통하는 방법을 체득하게 하셨다. 우리는 찬양하는 자연적 존재로 서 있는 한 자연스럽게 주님은 우리의 갈 길과 할 일과 높은 뜻을 가르치시고 이를 통해 우리를 기르신다.

정말 우리에게 찬양하도록 지어진 존재라면 우리의 찬양을 통해서 주와 소통하도록 우리 안에 인자가 있지 않을까? 자연스럽게 우리 안에 명령된 주의 인자에 대해 이렇게 불러보자. '찬양심!'

찬양하는 것은 주께서 내게 주신 신령과 능력이 내 안에 작동하여 내 안에 생긴 것을 밖으로 목소리를 통하여 토하는 것이요, 그 소리는 귀로 듣는 영이다. 자신의 안에 숨은 찬양심을 불러 스스로 귀로 듣고 하늘의 영을 내 안팎에서 소통함으로 찬양심은 우리의 삶을 주 안에 그리고 주의 인자를 살려내는 자연스러운 삶이 된다.

주님 찬양하는 순간에 설 수 있게 해주셔서 감사합니다.
주님의 모습을 통시할 수 있게 하옵소서 그리하여
우리 안에 녹아 역동하고 있는 신령한 찬양심을 일으켜 주옵소서.

2

나는 2인자

찬양가사의 현장성

찬양은 자신의 목소리와 손과 몸이 마음을 통해 일어나는 입김과 손끝과 발과 몸의 발현이다. 여기에서 나오는 시간과 순간에 두려움을 가진 이의 소리의 예배다. 그러므로 찬양은 기도와 묵상처럼 혼자 자신과 하나님과의 일대일의 만남만 있는 것이 아니며 감정을 넣어 표현의 미를 즐기는 예술음악과 대중음악과 다른 길을 간다.

찬양은 언제나 하나님의 입김에서 출발한 말씀과 선포에 초점을 모은다. 그리고 찬양자의 영과 하나가 되어 마음으로 받은 가사를 주의 영광과 능력과 선하심과 살아계심을 찬양자의 마음 반응에 의해 표현한다.

예배하는 마음에서 출발한 찬양의 숨결은 언제나 몸의 최후 끝에서 고도로 정제되고 자유롭게 꽃처럼 발현시키는 영적인 호흡이 된다. 그래서 가사가 선포되는 순간에 고아하고 정교한 하나님의 임재하심으로 자신이 만난 하나님의 영에 집중할 때, 그 의미를 통하는 깊으심과 통시를 두려움같이 예민하고 설레게 한다. 찬양은 그 후에 아주 다른 형질이 되어 예배 위에 파송된다. 이 전격적인 과정에서 폭발한 낯선 영에 찬양자는 길을 비켜야 한다. 자신의 입과 몸과 기술에서만 역동하게 해서는 안 된다.

    이것이 가능해지려면 가사와 음상이 있는 프레이징에 많은 반복과 훈련이 필요하다. 음과 가사와 묵음과 묵직한 무게감을 이끌어내는 통 큰 흐름 속의 자유로움과 여유 그리고 긴박하고 긴밀한 인상적 기술이 일어나도록 최후까지 자신의 영을 준비시키고 이를 몸으로 발현시키도록 상승에너지를 지속시키려 마지막까지 흐트러짐이 없도록 종용하여야 한다.

    여기서 노래하는 자는 그가 찬양대원이든 찬양팀 싱어이든, 솔로이든 그룹이든 그 자신의 마음 외곬에서 하나님 앞에 전격적으로 서 있어야 한다. 단지 회중만을 의식하고 그들의 귀를 즐겁게 하면 대중음악과 예술음악과 하등 다를 게 없다.

    그러므로 찬양자의 영은 말할 수 없이 하나님의 영으로 몰입되어야 하고 몸은 유적해야 하며 훈련된 호흡과 좋은 공명과 기본적인 악곡 해석과 리듬치기, 가사를 뱉어내어 가사가 살아나가도록 하는 기술을 정할 때, 특히 스타일과 톤과 아티큘레이션을 선정할 때, 노래하는 자신의 의식 한가운데 끊임없이 영글어 내려 하는 영적 열남의 심정이 탄식함으로 하나님께 간절히 의뢰하는 심정에서 정해야 한다. 이 선정이 잘 되면 노래하는 자의 능력과 가창력과 신앙의 수준을 넘어서는 깊은 하나님과의 동행의 서정이 살아난다.

    유적함을 이루는 일관성의 톤, 깊음으로 향하는 간절한 마음은 거칠고 자유롭게 불러도 표현되어야 한다. 자신으로부터 무엇 하나 과장하지 않고 의도하지 않는 자연스러운 호흡과 톤으로 일관성 있는 깊음에 끝까지 집중해야 한다.

　무엇보다 가사는 감동을 일으키는 피할 수 없는 영감이요 우리를 고무시키는 광맥이다. 이 광맥을 자신의 앎의 지식에서 그치지 말고 성경에서 말하는 것이 무엇인지 깊은 묵상과 말씀의 수원지까지 찾아가는 노력과 (지식과 경험의 학습) 시간을 통해 그 심상을 통찰하여 표현해야 한다.
　특별히 이 장에서는 가사의 입김과 터트려질 때 일어나는 엄정한 '가사가 지닌 현장성'을 통시해 보려 한다.

> 여호와는 나의 사랑이시요 나의 요새이시요 나의 산성이시요 나를 건지시는 이시요 나의 방패이시니 내가 그에게 피하였고 그가 내 백성을 내게 복종하게 하셨나이다 (시 144:2)

　위의 말씀을 노래한다고 했을 때 찬양자는 이 시가 다윗의 시인 것과 특별히 자신의 통치와 하나님의 통치가 자신과 백성에게 함께 어우러져 일어나는 바로 그분의 인자와 힘과 방패이신 것을 회중과 예배에 표현해야 한다. 이 시는 그 지식이 하나님에 의해 일어난다는 것을 안다고 해서 달라질 것이 없어 보인다. 단지 이 시는 책으로 쓰여서 독자의 눈으로 지나가 이해되도록 한 것이 아니라 목소리로 읽고 노래로 불리며 나아가 악기와 춤으로 모든 이들 앞에서 되풀이되었던 플레인 송이라는 점이다.
　소리로 들려지는 것이다. 만약 소리가 들려질 수 없다면 아래처럼 표시를 해야 할지 모르겠다.

이인자… 시요 요 요요 (인자시요)

요새… 시요

산성… 이요

인도자… 요

방패… 되신다.

(이는 내가 주를 신뢰해 얻은 것이다. 그로 인해 또한 그는 내게 내 밑으로 백성들을 굴복케 하셨다.)

(번역)

주는 나의 인자 되시며 나의 요새이시며 나의 산성이시며 나의 인도자시며 나의 방패이십니다. 내가 주께 의지하였기에 얻은 것입니다. 그리고 내게 나의 백성을 복종케 하여 다스리게 하셨습니다. (시 144:2)

번역을 두 가지로 표현해 본 것은 히브리어의 드라마틱한 음성구조와 다이내믹 때문이다. 소리로 읽어야 뜻과 느낌과 이해와 맛이 나는 언어구조다. 음성의 힘이 여기에 포함되고 있어서 큰 소리로 읽고 선포해야 원의도에 가깝다. (괄호의 문장은 의미로만 번역한 것)

영과 몸이 하나라고 믿는 히브리 민족의 생각구조에는 하나님의 현존이 그들의 삶에 분명했다는 점에서 그들의 영적 문화나 현실의 문화나 같은 현재적 생각 범주의 지평에서 일어나고 있음을 본다. 시제적 문제나 유형화된 대상에 대한 인식이나 무형의 존재를 인식하는 인식론에서도, 신을 의식하는 그들의 경험과 인식의 사고 구조에도, 그들은 단박에 하나로, 말로, 현재적으로 선포한다.

이렇게 히브리 문장에는 통시성이 있다. 금방 일어난 일처럼 말하고 앞으로 곧장 일어날 일처럼 단순하고 극적으로 진정성 있게 전달한다. 현실과 미래와 과거의 시제가 현실의 시점에서 보고 느끼고 경험할 수 있도록 문장의 구조이해가 쉽고 통시적이다. 보이는 것과 보이지 않는 것을 하나로 인식하고 느끼려 한다.

실제로 찬양을 찬양으로 하지 않고 가사로만 읽는다고 생각해보라. 그 안에 있었던 유기체들이 맛보았을 모든 느낌들의 총체극인, 가녀린 슬픔과 회한과 용기와 다짐과 신뢰와 확신의 눈물이 생략된 채 전자신문을 로버트가 읽는 것처럼 어떤 암호문을 기계적으로 읽고만 있는 것이다.

말씀도 그런데 더구나 시는 어떠하랴? 시를 그저 속으로 읽고 있다면 그것은 시와 찬양이 아니라 기호에 불과하게 된다. 시가 지닌 리듬과 침묵과 퍼포먼스와 사운드와 울림이 생략된 채 생영이 일어나는 현장이 없는 의미 묵상에만 집중하는 것은 고여 있는 편린 행위에 불과하게 된다.

이런 의미에서 킹 제임스 성경 KJV은 매우 효과적인 ';' 기호를 사용하고 있다. 'My goodness, and my fortress; my high tower, and my deliverer; my shield, and he in whom I trust; who subdueth my people under me.'

이런 기호는 지금 문어체에서 많이 사용한다. 아이러니하게도 현대 젊은이들은 각종 sns를 통해 이런 문어체적 문법 기호들을 감정과 느낌의 언어로 생동감 있게 바꾸어 버렸다. 휴대전화의 보급으로 이런 의사

표시는 이미 보편화되어 있다.

시편을 소리 내어 읽는다는 것은 예배(Perform, 현장 중심의 제사 행위)로 보는 것이다. 소리를 언어로 바꾸어 보다 총체적인 느낌의 기호들로 표시할 수 있었으면 좋겠다. 물론 그런다 하더라도 행위로 표현되는 것은 여전히 아니지만 중간 표현의 매체로서는 가능성이 없지 않다.

여기 '인자, 요새, 산성, 인도자, 방패'라는 단어는 매우 격한 현장성 단어들이다. 당시에 전쟁은 한 백성들의 공동체 전체의 죽음과 삶의 분기점에 있었으므로, 이런 단어는 요즘 말로 하면 교통방송을 하는 아나운서의 상설 언어인 '고속도로, 가다서다, 나들목, 정체, 사고' 등의 단어였다. 이런 단어는 삶의 현장을 그대로 말해준다. 다윗이 주로 활동하던 들녘은 유다 지방으로 매우 척박하고 위험해서 적들이 아니어도 환경적으로 살아남기 어려운 낭패한 삶이 기본이 된 버려진 땅이었다. 이처럼 가질 만한 게 별로 없어서 생명을 거는 게(전쟁으로 얻는 노획물 먹거리가) 스스로 지어 먹는 것보다 손쉬웠던 곳이었다. 그래서 전쟁은 생존을 위해 자주 일어난 이벤트였다. 죽기 살기로 살아야 생존할 수 있었던 환경이었다. 여기에서 이런 단어가 어떻게 조용한 소파에 앉아서 속으로 읽는 것으로 다 표현될 수 있을 것인가?

그러므로 이런 예배와 제사 용어를 표현할 때마다 현장의 임재가 유도되는 울림(행동, 부드러움과 거침과 아픔과 고통과 깊은 침묵과 영적 갈급함이 표현되는 performance)이 요구된다. 이 단어의 의미와 심각성을 말해야 할 때 우리는 호흡과 마음의 힘을 모아 보다 현장성이 드러나도록 읽고 외치고 흐느껴야 한다.

지휘자들이 모이는 컨퍼런스에 가면 Reading section이 있다. 작곡가들이 작곡한 곡을 지휘자들이 모여 함께 불러보며 곡을 선곡하고 구입하는 그저 탐색하고 검토하는 섹션이다. 연주해야 맛이 나는데 소리를 내기는 하지만 작곡가와 악보가 원하는 대로 다 표현하지 않는다. 그러려면 매우 많은 주의력과 세련된 기술과 집중력이 필요하고 비밀스러운 감성거리들과 소홀히 대할 수 없는 많은 영성 또한 요구되기 때문이다. 그저 이 곡을 연주할 것인지 말 것인지만 선택하려고, 제법 고통의 작업 끝에 산출한 작곡가의 곡을 아주 불량한 자세와 태도, 작은 소리로 노래하며 점검하는 것이다. 이런 리딩섹션을 보면서 혹시 요즘 QT나 찬양이 이런 식의 태도를 낳고 있는 건 아닐까 생각해 본다.

깨닫는 건 많은데 현장성을 표현하는 마음의 창구가 없어서 리얼하지 않다면 무언가 '나중에 한번 해보지' 하고 영원히 하지 않는 행위와 같다. 하나님이 계셔서 참 좋으나 하나님이 현장에 계시지 않아서 한 번도 그 실재의 기운이 일어나는 경험을 하지 못한다면, 그래서 하나님과 예배는 없고 시와 성경리딩만 있다면… 참 안타깝고 무서운 일 아닌가. 그렇다면 다윗에게 주의 임재와 예배는 당시 생존의 문제였던 것으로 보아야 한다.

불행인지 다행인지 모르지만 필자가 사는 미국이나 필자의 어머니가 사는 한국이나 생존의 문제 앞에서 비교적 멀리 떨어져 사실 비교적 태평스러운 시절을 살고 있다. 죽음과 삶을 넘나드는 극도의 긴장과 전적인 추구가 요구되지 않는 세상에 살고 있기 때문이다. 물론 외형적으로는 그렇다는 것이다. 현대인들의 스트레스는 실제로 도를 넘고 있기도 하다. 그러나 아무래도 전쟁만큼 그 긴장도가 크지는 않다. 현대인의 스트레스가 오히려 천천히 이루어지는 전쟁 같아서 더 전쟁처럼 느껴지는 삶이 되었는지도 모르겠다. 여하튼 스트레스보다는 전쟁이 훨씬 긴장된 현실임은 틀림없다.

이곳에 진정 (찬양팀 가사처럼) 주께서 내려오셔야 한다. 그런데 예배에 하나님은 내려오시지 않는다(?). 오시지 않는 하나님과 익숙해진다. 다만 자신이 묵상한 하나님과 의미적으로 소통할 뿐이다. 100% 예배(하나님과 한 개인을 포함한 공동체의 직접적인 만남)가 일어나지 않는 것은 오늘날 심각한 현상이다. 찬양의 힘이 꽃처럼 살림의 향이 퍼지지 않는다. 준비된 찬양은 언제건 상승의 기운을 가졌다. 찬양자가 자신의 준비 없음을 악기나 시스템, 싱어 등 환경에 이유를 두고 자신에게는 두지 않을 때, 예배에 하나님은 오시지 않는 것을 상황 탓으로 돌리고 정작 자신은 이를 모르고 있다.

예배 행위는 전적인 인격과 존재적으로 임재해 계신 하나님과 벗겨진 몸(정직과 거룩)으로 만나는 의식이다. 이 예배에는 언제나 예배자의 태도에 의해서 임재가 임하기 때문에 그(예배자)가 연출한 것에 얼마나 극적으로 자신의 벗겨진 몸을 드렸는가에 따라 판가름 난다. 죽음 앞에 선 자의 탄식의 기도를 들어보면 이 예배의 심각성을 알 수 있다.

흔히 개신교는 말씀의 핵심을, 가톨릭은 예전에서 나타난 엄정한 예배의 형식과 현장성을 가지고 서로 다른 예배의 합일에 이르려고 한다. 말씀이 영의 탄식과 성령의 도우심 없이 나열될 때, 예전이 영으로 환기되지 않고 형식으로 끝날 때 예배는 삶의 현장성을 비껴간다. 이 시는 예배로서 읽혀야 한다.

    오 인자이시여 요새시여 산성이시여
    인도자 되신 주여 주는 나의 방패이십니다
    이 고백은 내가 주를 신뢰해서 생긴 평안입니다. 때문에 내 백성이 내 아래
    에서 나를 믿고 따릅니다.

    상황에 처한 시인의 고백은 새로운 차원에 살고 있다. 때문에 시인의 리더십과 시인의 존재가 생명의 빛을 발한다고 고백하고 있다. 이게 다 하나님께로서이다.

    주님,
    내가 얻은 것은 주를 향한 이 놀라운 고백뿐이지만
    현실의 삶에서 여전히 100% 예배하지 못함을 용서하옵소서.
    주께서 부르시면 언제든 달려가게 하옵소서.
    내가 여기 있습니다.
    주는 인자(사랑)시요.
    내가 하나님 다음 2인자입니다.
    내가 모든 백성 다음 2인자입니다.
    먼저 주를 바라보게 하옵시고 그들을 돌아보게 하옵소서.

3

동행자의 예배

전능한 하나님 아버지께 드리는 마음으로부터 오는 신심

너는 일어나 그 땅을 종과 횡으로 두루 다녀 보라 내가 그것을 네게 주리라 이에 아브람이 장막을 옮겨 헤브론에 있는 마므레 상수리 수풀에 이르러 거주하며 거기서 여호와를 위하여 제단을 쌓았더라 (창 13:17-18)

삶의 한가운데 선 아브람의 행동과 하나님의 명령과 축복의 말씀에는 단 두 존재 간의 분명하고 뚜렷한 외딴 관계에 서 있다. 한 자는 역사의 세월과 시대적 한 지점에서 배설적(낭비적) 시간에 서 있지 않고 택함을 받았다는 것이요 하나님은 그자를 역사와 한 시대환경을 뛰어넘는 다른 지점으로 끌어낸다. 예배란 삶의 보편적 차원과 다른 지평에 서 있도록 주관자의 시현이 일어나는 사건이다. 그러므로 예배자가 거친 들녘에 돌을 골라 제단을 쌓고 마음을 모으고 그 하나님께 자신의 소유를 바쳐 그 향과 불을 올리는 행위는, 삶을 사는 짧은 시간 동안 피조자의 마음 목적적 구심점이 매우 의도적인 다른 지점을 향해 전격적으로 향하고 있는, 전 우주적 자기표현이 일어나는 현장이다.

예배란 자신 삶의 한가운데 직접 보이신 하나님의 임재에 반응하여 구체적인 몸과 마음과 행위를 고백으로 불사르는 작업이다. 이는 오래 전부터 해왔던 전형적이고 고착된 습관 행위가 아니라 삶의 한가운데 일어난 설것(시점과 형태가 단 한 번만 일어나는 유일한) 행동이다. 우리는 예배를 이 고백적 행동의 퍼포먼스로 들여놓고 있음을 배운다.

매우 고아하고 교양 있어 보이는, 세련되게 설계된 건물에서 정기적(시점과 형태가 동일한)으로 가진다. 이 지점에서 설것과 정기적인 것의 싸움이 시작되고 지금도 이 싸움은 우리 찬양자의 현장에서 진행 중이다.

모든 예전은 옛것의 퍼포먼스와 함께 있다. 그러므로 설것 예배를 위해 거친 들녘에서 가져온 아브람의 두근거림을 제사로 옮겨와야 한다. 이 말은 예배는 지금 이 순간 하나님의 존재 앞에 목격자로 사는 것일 뿐 아니라 두 존재만이 소통하는 초역사적 순간에 사는 것이요 이를 두 존재가 아는 것이다. 이는 전쟁이다. 예배 아닌 것과 예배인 것이 싸우는 작업이다. 어떤 형태의 예배이든 스스로 두 가지 면에서 망가져 있다고 보아야 한다. 늘 해오던 예배에 형식화되고 의례화된 기존의 옛것에 머물러 있으므로 망가져 있고 또 세상에 노출된 인간의 욕망에 망가져 있다. 예배는 이 둘과 싸워야 하고, 예배 아닌 것에 오래도록 머물러 있어 온 형식과 (옛것의 정기적이고 익숙해진 것) 사람을 통해 올려드리는 세상으로부터 온 자신과 함께 예배하는 자들의 마음밭과 싸워야 한다. 예전적 예배이든 열린 예배이든 이전의 것들과 관련되어 있지 않은 것은 없기 때문에 이를 동시적 개혁함(reforming, 진행적 개혁)에 두지 않으면 둘 다 썩어 갈 것이다. 우리의 경험에 의하면 이 둘로부터 언제나 자유롭지 않다.

더구나 이는 예배자의 마음이 개혁해야 한다는 생각과 태도에 머무르라는 게 아니다. 그 거친 삶에서 나온 단 한 영혼을 위해 예배는 반드시 설것이어야 한다는 것이다. 낯설고 언제나 새로운 것이어야 한다. 거룩한 존재이신 하나님께 나온 예배자 리더 자신과 회중들의 영혼을 대신하여 버럭 큰마음으로 제단에 자신을 올려 세워야 한다. 그리고 모은 마음에 지극히 웅얼거리고 있는 영감 있는 분출지점에 서서 고무된 (inspiring) 마음을 전능자 앞에 두어야 한다. 그리고 이 작업은 매우 가혹하고 혹독하게 자신의 준비성과 시스템에 의해 행해야 한다.

삶은 거대한 것이다. 태초에 생명이 시작되면서 가장 온전한 능력자의 하나님과 그의 모든 존재물들과 소통해왔다. 그 삶의 한가운데 존재의 영을 모으고 삶의 정점에 계신 분을 의식한다는 건 매우 영적인 일이다. 제단을 손수 쌓아 자신의 전 존재를 드리는 행위에는 거룩한 자에 대한 경외와 동행하는 마음을 산화하도록 이끌고 있다. 이것을 보는 눈, 하나님의 시선을 의식해야 한다. 찬양자에게는 불가불 이 거대한 하나님의 시선을 만나는 선물을 주셨다. 필자의 하나님은 평생 이 기쁨 위에 필자를 올려주셨다. 아직 이 큰 기쁨을 통해 '영광'이라는 하나님의 영역에 계신 의미를 이해하지 못한 찬양자가 있다면 거칠고 어두운 광야가 있는 침묵의 현장에 나가 기도해야 한다. 하나님은 찬양자와 아주 가까이 계시기 때문에 이 선물을 쉽게 주시려고 아예 떠밀듯 주시려 대기하고 계신다.

주님, 우리의 부족함을 용서하옵소서. 크신 하나님께 나아갑니다. 지극히 높은 곳을 향하여 가장 낮은 마음이 갑니다. 통곡과 애통함과 무너짐으로 나아갑니다. 우리의 전 존재를 통하여 생명의 호흡과 영으로 주를 예배하고 찬양하게 하옵소서. 우리와 동행하시는 마음에 두려운 마음으로 서 있습니다. 우리를 불쌍히 여겨 주옵소서. 예배를 맞는 우리 모두에게 능력의 하나님을 느끼고 전적으로 능력의 삶에 이르게 하옵소서. 우리의 부족함의 고백이 산화하는 예배 되게 하시고 주의 영 앞에 우리의 모든 소망과 욕망이 부질없어지게 하옵소서. 나의 영을 회복하소서. 주의 영 앞에 나의 영을 가혹하게 교정하옵소서. 하여 우리의 소원이 더 단련된 거룩한 욕망으로 주 앞에 나아가게 하옵소서.

4

두려움과 찬송

여호와를 두려워하는 너희여 그를 찬송할지어다 야곱의 모든 자손이여 그에게 영광을 돌릴지어다 너희 이스라엘 모든 자손이여 그를 경외할지어다 (시 22:23)

영광과 찬송과 두려움은 같은 하나님을 향하여 올려지는 제사 통로에서 사용하는 단어들이다. (이 단어들, 영광과 찬송은 다른 장에서 이미 분석해 놓았으니 생략한다) 영광과 두려움이 어떻게 찬송과 함께 길을 가는지에 대해서만 설명하려 한다. 영광은 마치 공적 언어로 그 말이 함축하는 바는 예전의 언어처럼 느껴지지만 그 뜻에 숨긴 긴급한 영감(임재의 언어임)을 감지할 필요가 있다.

이 숨겨진 영감은 깊음과 영롱함이다. 깊음 위에 있음은 그 경지가 크고 숭경하여 인위적인 시도 없이도 거저 일어나는 것이요 영롱하다 느끼는 것은 하나님의 창조에 깃든 가장 평범한 거룩함도 지극히 새롭고 아름다워 그 빛이 그저 특별하고 고매한 신비가 특정한 기술과 능력에 있지 않고 자연스럽게 퍼져 나오기 때문이다. 이 깊음과 영롱함은 고급화된 지향점에 대한 서양인들이 지닌 일반적 심미적 욕구(Gorgeous sentiment)에서 비롯되는 것이 아니다. 개신교도들이 높은 천장에서 나는 화성음에서 심미적 만족을 얻으려 가톨릭으로 가는 것과 같은 헛된 짓이다. 세련된 영적 경험을 느끼려는 정신성향을 지닌 이들이 찾는 침묵과 영적 분위기는 일종의 욕망의 도구일 뿐이다. 깊음과 영롱함은 그 마음이 지향하려 할 때 의도하지 않은 한 침묵(영)이 불가불 드러난다. 그 침묵과 의도하지 않는 겸손의 휴지 이면에 숨겨진 고무(inspiring energy)다. 이는 철저히 고매한 외적 도구에 의해서가 아니라 내적인 두려움에서 나온다.

"두려움"

오늘날 찬양자들은 이 전격적인 위급한 감성을 잃어버렸다. 하나님을 무서워하라는 말이 아니다. 그는 물론 무서운 분 이상이고 두려움 이상이지만 예배자인 나의 상태에서 목격할 때 그분은 두려운 것일 수밖에 없다. 만약 예배 앞에서 그 하나님을 보았다면 그분은 낯설고 놀랍기 때문에 우리의 감정이 지닌 모든 것 위에 최상의 두근거림과 만난다. 두려움은 단지 심리적 아노미 상태인 것이지만 거대한 존재에 대한 목격자의 첫 감정이지 하나님은 언제나 두려움이시니 반드시 그 감정을 일으켜야 하는 무서움의 감정 자체는 아니다.

두려움에는 멋진 아름다움이 녹아있고 평온하여 지극한가 하면 하나님의 웃음(넉넉한 기쁨)과 소박함(거룩의 일관성)도 세상의 것과 다른 오묘함에서 비롯된다. 그래서 우리가 접하고 있는 모든 스타일과 분위기와 자기 취향을 넘어 있다. 그 위에 선 깊은 영적 모드와 지나치지 않은 소망이 깃든 자연스러움이 있지만 그 이상을 넘어선 놀라움이 있다. 그러니 우리가 그것을 흉내 낸다 하여도 거룩이 표현되지는 않는다. 다만 거룩에 이르고자 하는 마음을 앓게 하고 결국 그 하나님의 아름다움을 표현하고 있을 뿐이다. 아울러 겸손과 소박함을 표현한다 해도 그저 있는 특별하고 고매한 신비가 일어나지는 않는다. 다만 하나님은 우리에게 그 자연스러운 신비를 주심으로 우리에게 고무의 색채를 잊지 못하게 하셨다. 그렇기 때문에 우리의 표현으론 오직 그분의 신비를 상상하여 모방할 수 있을 뿐이다.

그런데 찬송에 다가가서는 이 모두가 혼재되어 나타난다. 하나님의 거룩과 신비와 고무와 겸손과 웃음과 기쁨과 고매함이 자신도 모르게 튀어나온다. 찬양은 인간의 재료에서 보지 못한 그 이상의 예상되지 않은 재료들이 뒤섞여 있다. 인간의 욕구를 뛰어넘는 다른 낯선 표현들과 신비한 결과물들이 포함된다. 그 모든 것이 종합될 때 예배자는 두려움에 이른다. 그 때문에 찬양자의 영에 영향을 주어 놀랍게 재현되고 힘과 능력이 일어난다. 그분의 영광과 두려움과 이적이 인간 마음에 전염되어 상승한다.

찬송은 하나님이 등장하심으로써 인간이 계획하고 예상한 차원을 훨씬 벗어난다. 하나님이 인간의 작은 변화에도 감동하셔서 자신의 신비와 거룩함을 가지고 내려오신다. 이 기쁨의 상태는 인간이 지닌 감정의 최고조가 아니다. 인간의 기쁨이 고조되어 넘치면 과소비되어 에너지를 소비하고 난 뒤에 허무해지지만 기쁨이 영에 영향을 주면 죽은 사람이 산 사람이 된다. 모든 존재성이 합체되어 선을 이루는 하나님의 성산이 된다.

인간의 감정만의 기쁨과 하나님의 영이 깃든 기쁨의 결과는 매우 다르다. 많은 선각자들은 말씀과 연륜과 개인의 능력과 재주와 깨달음으로 말하는 게 아니라 하나님이 하신 말씀을 전하기만 했다. 자신의 능력과 전달력이 하등 문제가 되지 않았다. 예레미야가 하나냐보다 큰 인물인 것은 그 인물됨의 능력 때문이 아니라 하나님이 내려와 말씀을 오직 예레미야에게 주셨기 때문이다. 하지만 하나냐는 자신의 센스와 재주로 사람들이 좋아하는 그럴듯한 자기 영을 말했기에 참혹한 영혼이 되고 말았다. 우리는 이 높고 평범하지 않은 하나님의 임재와 영이 사람의 손에서 일어나는 것이 아님을 알아야 한다. 그러므로 삶과 찬양과 기도와 말씀에 자신의 능력이 드러나거나 드러나기를 기도하면 안 된다. 이는 전적으로 하나님의 것이다. 두려움을 벗어나면 모두 허황된 거짓이 된다.

두려움은 이 성산에 그저 흐르는 낯선 영이다. 찬양은 그저 두려움이 무서움이 아니요, 참 기쁨이 영롱함이 된다. 이 기쁨의 정감(sentiment)에서 나온 겸손과 탈자아는 윤리와 도덕과 율법이 아니요, 온전함이다. 온전함은 그토록 어려운 탁발수련과 침묵 수련과 의지와 일관성을 일으켜야 하는 것이 아니라 이토록 낯설고 한없이 지극히 순전한 영에 전 존재를 낮춰 다가서는 어린 양의 범주다.

그저 주의 영에 자신이 드러나 있는 그분의 영을 맞이하는 것이다. 예수께서는 모든 인간이 현재 그가 지닌 어떠한 죄의 상태에도 상관없이 '오늘 저녁 나와 함께 낙원에 있게' 하실 수 있는 분이시다. 우리가 할 것이 하나도 없어도 그가 인간의 마음에 찾아오시기만 하면 이 모든 전적인 전환의 신비가 일어난다. 주님은 그 자체로 모든 것이다. 나는 아무것도 할 것이 없다. 이게 복음이요 경외를 바라보는 아주 근본적인 낮아짐이요 온전함이다. 여기에 예배의 진리가 있다.

두려움은 너무나 크고 넘쳐 감히 아무것도 할 것이 없다. 떠는 것 말고는 없다. 떨다가 죽어야 한다. 죽어야 우리 속에 주신 씨가 산다. 씨가 살아야 싹이 트고 나는 없어도 내 안에서 주의 영이 산다. 이게 주신이가 주신 삶의 아주 무겁지만 가볍고, 크시지만 지극히 소박하신 의미다. 떨고 있는 자아가 불쌍해지거나 촌스럽다 여기거나 힘이 없어 소멸되는 존재감에 반항하는 것은 진정한 영이 아니다. 이 반항의 역사는 아주 일반적으로 인간의 문화 속에 들어와 있고 지금도 활성화되고 있다. 예를 들어보자.

이 보잘것없는 표현력 속에 감추어진 자기 욕망은 찬양 밖에서, 그리고 안에서 찬양하는 지휘자와 리더와 회중과 찬양대원 가운데 찬양하는 자들 사이에, 찬양이 불리는 곳곳에 망아지처럼 돌아다닌다. 완전하지 않은 기술을 가지고 온전하지 않은 영으로 사람 앞에서 요란을 떤다. 세상은 더 말할 것도 없다. 논리와 사유와 철학과 문화는 말할 것도 없고 영성 있는 자들에게도 이 망아지 본성이 들어앉아 있다.

우리의 현실을 돌아보자. 지금 필자는 두 영을 분별하고 온전하여져서 낮아진 경험이 있을 뿐이다. 계속 낮아져 있는 게 아니다. 그리스도인이란 낮아진 경험을 한 자들일 뿐이다. 우린 결코 계속 낮아져 있을 수 있는 능력이 없다. 우리에게 그런 능력이란 애당초 없다. 그러므로 하나님의 두려움은 우리 한가운데 계속 낯설고 신비한 놀라운 영으로 있어야 하고 촉급하게 의식하며 살아가야 하는 것이다. 두려움은 우리들의 주인이 누구인지 알게 하고 그분이 어디 계신지 살피게 하고 그의 시선을 의식하게 하고 우리의 영혼을 힘 있게 하는 처음 영이다. 설사 우리가 그의 시선을 객관적으로 알게 되어 평상심이 되었다 할지라도 그 이상의 위대한 하나님을 바라는 것이 두려움이다.

찬양하는 자에게는 이처럼 숙명처럼 자리매김해야 하는 이 아름다운 고개 숙임을 통해 주의 영이 새살을 돋고 찬양의 현장에 움튼다. 누구도 모르는 순간에 새록새록 흘러난다.

주님

나의 영을 새롭게 하옵소서
긴한 일인 두려움을 먼저 보게 하시고
주의 나라에 어린아이처럼 모든 것을 누리며 살게 하소서

고통받는 이들을 위해 행동하게 하시고
유익과 격려는 소통을 위해서만 관계하게 하소서

주를 아는 지식이 나에게만 그치지 않게 하시고
가족과 공동체와 세계에 말하고 찬양하게 하소서

여전히 주의 사랑과 아름다움을 닮는 기적이
내 안에 있게 하시고
주를 아는 모든 이와
그렇지 않은 불쌍한 영혼들에게도
순종하고 충성하게 하옵소서

5

지휘자(찬양자)의 마음 조율 (1)

마음 세움과 심령 찬양

하나님이여 내 마음을 정(세움)하였사오니 내가 노래하며 내 심령으로 찬양하리로다 비파야 수금아 깰지어다 내가 새벽을 깨우리로다 (시 108:1-2)

필자는 음악 하는 이들과 평생 살았다. 찬양대원들도 전공은 하지 않았지만 취미활동이 음악과 가까이 하는 분들이어서 노래하는 이들에게만 있는 촉과 유연성, 감동과 즐거움을 항상 공유하며 살았다. 이들에게 있는 독특한 재능과 버릇과 성품들을 본다. 이 독특한 재능은 때로 보통 사람들에게는 없는 것인데, 이는 미루어 짐작하는 빠른 촉이다. 한 가지 어떤 독특한 느낌 하나에 감염되어 자신을 재빨리 휘어감는 모성적 본능 같은 방향감각이 있다. 전공한 것도 아니고 찬양대원도 아닌 분들도 있다.

한 분을 소개하려 한다. 이분은 필자가 고등학생일 때(그분은 대학생) 개울 쫄대 낚시를 좋아했던 분으로, 기타를 치면서 조용한 노래를 부르기 좋아했다. 그 당시 다 합해서 서너 번 정도 만났지만 지금은 이름도 생각이 나지 않고, 3살 연장자였다는 것과 두뇌와 취미활동의 취향이 보통이 넘는 분이었으나 마음이 따뜻했다는 기억이 있다. 한편 그분의 눈은 언제나 사려 깊고 진중해서 깊은 서정성을 지니고 있었다. 그게 전부다.

여러 번 만나본 것도 아닌데 그분이 생각나는 것은, 그분이 필자에게 당시에 유행하던 젊은이들의 팝송 중 자기가 좋아하는 노래라며 서정적이고 가슴을 울리는 노래들만을 테이프로 정성스레 녹음해 내게 주었던 낯선 친절 때문이다. 필자도 청년기의 다감한 서정에 살던 때라 꽤 오랫동안 그의 선곡들을 행복하게 듣고 누렸던 기억이 있다. 그의 선곡은 매우 탁월해서 당시에 누구든 알 수 있던 유행곡들의 차원을 훨씬 넘어선 곡들이었다. 언더그라운드 그룹의 잘 알려지지 않은 싱어송라이터들 중에서도 매우 빛나는 감성의 노래들이었다. 그는 그리 잘 치는 기타는 아니었지만 조용히 스윙을 하면서 깊고 마음을 울리는 감성적 취향을 노래하곤 했다. 아마도 시편의 주인공 다윗은 이런 부류의 사람이 아니었을까 생각한다.

다윗의 성품을 성경에서 이렇게 전하고 있다. "그는 정직하고 신실하였으나 사랑이 많고 서정적이다. 그는 노래와 리라(수금)를 좋아하여 많은 이들에게 사랑을 받았으며 영적으로도 전염성이 있는 노래하는 자였다."

시편의 주인공 다윗은 찬양 속에 하나님의 임재를 안 자였다.

소년 중 한 사람이 대답하여 가로되 내가 베들레헴 사람 이새의 아들을 본즉 탈 줄을 알고 호기와 무용과 구변이 있는 준수한 자라 여호와께서 그와

함께 계시더이다 (삼상 16:18)

이 보고자는 마지막 문장에서, 여호와께서 그와 함께 계신다는 걸 알았다고 한다. 그가 본 다윗은 현악기인 손으로 쥘 만한 작은 수금을 자유롭게 다룰 줄 아는 감성적인 소년이었다는 것과 사람들에게 사랑받을 만한 용모가 있었을 뿐 아니라 여호와가 함께하는 자였다는 것이다. 이를 보고한 보고자 역시 탁월한 영적 감응력이 있었을까? 이를 알고 있었다는 건 같은 부류였거나 마니아 계열의 감상자 이상일 뿐 아니라 영적 분별력도 있는 이였을까? 아니다. 아무나 다윗을 보아도 그가 어떤 놀라운 분이 함께하는 자처럼 보였을 것이다. 하나님이 함께한 자는 분명 다른 자로 보인다. 찬양하는 자는 다른 자로 보일 만한 내적 동요가 있는 자다.

찬양하는 자는 크게 두 가지다. 낯선 영의 흐름을 즉각 읽을 줄 아는 성심과 감성을 지녔고 사려 깊은 감응성과 하나님을 두려워하는 능력이다. 이를 가진 이는 하나님과 사람에게 사랑받는다. 사람이 좋아하면 그의 영향력은 고조된다. 닫힌 사람이 있고 열린 사람이 있다. 음악은 열린 것을 지향한다. 남이 못 보는 것을 보고 남이 못 느끼는 것을 느끼고 남이 보지 못한 것을 미루어 그 가능성까지 추측하고 상상하며 넘나든다. 사람의 촉은 유연할수록 흐름이 좋고 너그러우며 상그럽기에 누구든 교통한다.

마음을 하나님께로 세울 때 드디어 하나님을 향한 신심이 극도로 뻗어나는 이상한 분들이 있다. 하나님을 향하는 마음에 그와 함께한 하나님의 영이 대단한 동조가 일어나서 그렇다. 위 구절에 의하면 그러한 자가 지닌 결정이 있다는 것이다. 이것은 곧 마음 정함이다. 마음을 정했다는 뜻은 드디어 하나님의 뜻을 받아들이기로 정함(set up)이 있었다는 것이다. 마음을 정하면 하나님의 동조는 일어나기 마련이다. 하나님께로 향하는 아름다운 순종과 무릎 꿇음은 곧 새 노래로 향한다. 성경에 새 노래에 대한 언급은 매우 심각하게 다루고 있다.

주님,
우리에게 마음으로 주를 느끼고
감정으로 반응하는 주의 전 존재를 호흡하는
찬양하는 소년(소녀, 어린아이) 되게 하옵소서.
내가 찬양할 때 다른 사람들이 보고
하나님이 사랑하는 자인 것을 보고 놀랍게 여길 수 있도록
내게 주님의 임재를 느낄 내적 동요를 주옵소서.

지휘자(찬양자)의 마음 조율 (2)
무엇이 우리를 고무시키는가?

하나님이여 내 마음을 정하였사오니 내가 노래하며 나의 마음을 다하여 찬양하리로다.

비파야, 수금아, 깰지어다 내가 새벽을 깨우리로다 (시 108:1-2)

시편에 마음을 중시한 다윗의 시들은 무수히 많이 나온다. 그에게 마음이란 하나님과 교통하는 클라우드(만물교환 창, 가상저장장치, 유비쿼터스)다. 삶에서 무슨 문제가 있을 때 마음으로 주의 음성을 듣고 마음에 계신 그분의 진심을 신뢰한다.

찬양은 그가 마음에서 발견한 하나님의 진심을 알고 깨닫고 동의할 때 일어난다. 새벽을 깨우는 시점에 선 다윗은 크게 고무되어 있다. 그가 마음을 정한 것은 하나님의 마음을 읽었기 때문이요 하나님의 마음을 읽을 수 있었던 것은 그가 하나님의 마음을 신뢰하였기 때문이다. 그가 하나님의 마음을 신뢰할 수 있었던 것은 다윗을 특별히 사랑하시는 마음을 보았기 때문이고 그가 하나님이 자신을 특별히 사랑하시는 것을

알 수 있었던 것은 필자의 견해로는 그가 음악을 탈 줄 알았기 때문이다. (연주하고 노래할 수 있는 능력)

그의 마음은 처음부터 고무되는 사람이었다. 그의 처음이 고무될 만한 영적인 마음의 소유자였다면 그는 처음부터 하나님의 은혜를 입은 자였다고 볼 수밖에 없다. 음악을 비롯한 예술을 사랑하는 자들은 미적 정감에 대한 특별한 상처와 에너지를 가지고 있다. 이들은 역시 미의 주변에 놓인 진리와 정의와 존재와 지식에 관한 통찰과 도덕과 종교에 대해 특별한 눈과 예민한 통찰을 가지고 있었다고 보인다.

이는 흔히 누구에게든 청년기에 나타나는 시기적 천재성과 비슷하다. 청년기에는 누구나 시인이 되며(미적 정감이 고조) 정의의 사자가 되며(정의에 대한 정감이 고조) 철학자가 되며(존재적 사유의 통찰에 대해 고조) 종교가(자신의 존재 가치에 대해 고조)가 된다.

마음에 하나님과 공동 클라우드(공유대)를 가진 다윗은 하나님의 신비를 알면 알수록 더욱더 그의 고무된 열망은 높아만 간다. 그의 태생의 평범함과 비천함에도 불구하고 그에게 용기와 서정성과 참된 우정과 결단을 지닌 것은 다 하나님과의 인격적 변화를 이끈 동행(클라우드 공유) 때문이다.

그의 시의 대부분은 참으로 이 아름다운 자신 안에 계신 하나님에 대한 찬사에 바치고 있다. 그의 모든 재산이 영적 접촉에서 비롯되었다면 여러분의 찬양자의 삶에 이런 창이 있다면 여러분의 삶 또한 그 하나님으로 인해 놀라운 개척지가 될 것이다. 하나님이 자신의 전격적인 파트

너가 된 다윗이 마음의 중심과 미래를 하나님의 의중에 정한 것은 그리 이상한 일이 아니다.

다윗에 비해 오늘날 예배자들은 하나님과 전격적인 파트너가 되는 것에 좀 막연한 태도를 가지고 있는 듯하다. 물론 하나님의 임재로 인해 좋은 것이 더 많아 감사와 찬양을 주께 올리지만 그 이상의 진전이 이루어지지 않는다면 생활의 모든 수단이 그 한 분과 깊은 교감 없이 보내고 있어서 그렇다. 그 이유는 단순하다. 그분에 대한 깊은 교감이 필요할 만큼 삶에 포함된 그분의 비중이 크지 않아서다. 자신의 삶에 주어진 모든 것들에서 그분의 영향력이 그리 많지 않아서다. 결정을 자신이 하기 때문에 하나님의 관여와 호혜와 은혜와 애정이 그리 필요하지 않다. 자신이 가는 노정에서 도움이 될 만한 협조에서 끝난다. 자신이 삶의 중심이기에 그분의 의사가 그리 중요하지 않다. 아니 그런가?

만약 예배자가 예배에 임할 때마다 일어나는 감상자의 기분에 의해서만 치르는 감정의 소요일 뿐이라면 요가 클럽에 다니는 것과 하등 다를 바 없다. 그저 일주일에 한 번 요가 클럽에 가서 정신 수양과 몸과 영을 유연하게 하는 정도에서 그치는 것이다. 그 이상은 자신의 몫이지 요가 강사에게 자신의 삶까지 책임지게 하지는 않는다.

하나님은 요가 선생이 아니다. 나머지 일상의 삶은 자기 마음대로 살고 잠시 시간내서 도움이 될만한 몸과 영을 수련하는 게 예배가 아니다. 하나님은 예배자에게 필요한 수단으로 계신 게 아니다. 예배에는 전 우주적인 자기 변혁을 요구하는 하나님이 필요하다. 그러나 이런 적극적인 논리 전개와 확산을 달갑지 않아 하는 예배자는 오늘날 아주 많다.

자신의 전부를 그 하나님과 나누고 싶어 하지 않는다. 그분이 그 일을 자세하게 도울 것 같지 않아서가 아니라 그냥 스스로 자신이 할 수 있을 것 같고 사실은 그 이상을 심각하게 기대하지 않기 때문이다. 뭐 병이 들거나 파산을 했거나 자식 문제가 생겼을 때 필요할 수는 있지만 자기 삶의 방향을 정하는 일이나 결혼 배우자를 정하는 일이나 사업 아이템을 정하는 일에는 그분의 도움과 생각을 그리 필요로 하지 않는다. 가장 중요한 일은 자신이 결정한다. 그분은 그저 자신을 도우면 만족한다.

그러나 예배자가 그분이 그 모두를 결정하실 수 없는 분으로 모실 거라면 그분은 거기에 나타나지 않으신다. 아니 나타나신다는 게 아니라 그분의 마음에 이미 그분을 기대하지 않기에 찾아오시는 그분을 이미 막고 있는 것이다. 예배자로 선다는 것은 전적인 변화와 순종과 헌신의 자리에 서는 것이다.

예배자는 이 기준에서 자유롭지 않다. 이미 옷을 입은 자로 고백하는 자다. 주께 바친 삶이 되어야 예배에 참여하는 것이다. 삶이 예배라 한다고 말한다면 이런 뜻이다. 하나님은 충분히 경험하지 않은 자에게 이런 하나님이심을 고백하기 어렵다. 그분은 여전히 손님이요 수단에 불과하다. 단지 초대해서 잘 대접해 드리고 싶어 할 뿐이다. 그 이상 들어오는 것을 원하지 않는다.

오늘날 삶은 분주해졌고 풍요로워서 더 이상 자기 이외의 자들이 자신을 위해 기쁨을 준다 해도 시간이 없어 받지 못하는 시대에 산다. 하나님 없이도 충분하다. 세상은 벌써 자신들을 비추는(나르시시즘) 것만으로도 행복하다. 거대하고 숭엄한 참 아름다움을 보지 못하니 자신과 관련된 인자에만 촉이 발달되어서 작은 아름다움에 도취하여 산다. 예배자들이 그 크신 하나님을 보지 못하는 것이 다 세상 때문만이 아니다. 자신이 하나님이 되어서 그렇다.

예배는 자신이 드러날 하등의 이유가 없을 때 일어난다. 찬양하는 노래쟁이는 자신의 능력 이상의 영이 몰려올 때 자신이 부를 수 없는 놀라운 영의 능력을 경험한다. 찬양을 노래하는 가수라면 이 말이 무엇을 의미하는지 안다. 자신의 노래로 많은 대중을 휘어잡는 순간에 일어나는 즉발적인 영감은 자신의 노래 실력을 뛰어넘는 어떤 경지에 설 때 일어난다. 그것은 자신의 감정 소모가 극에 달할 때 이루어지는 게 아니다. 자신 밖에서 그 노래를 부르게 하는 영이 고무될 때이다. 하나님은 찬양자가 가장 자신을 향해 가깝게 찾아올 때 이 선물을 주신다. 그분이 이 일을 하신다는 것을 아는 찬양자는 복을 이미 크게 받은 것이다.

6
마음 키우기

또 무리에게 이르시되 아무든지 나를 따라오려거든 자기를 부인하고
날마다 제 십자가를 지고 나를 좇을 것이니라 (눅 9:23)

우리는 이렇게 말씀하신 예수를 곧이곧대로 적용하며 사는 그리스도인들을 많이 보지 못해서인지 몰라도 이 말씀을 자신에게 얼마나 동일시하며 사는가? 우리는 부족하다. 하지만 부족함 때문에 못 하는 것이라면 예수께서 왜 이 말씀을 길을 떠난 선승들에게나 깨달음에 취미가 있는 자들에게나 혹은 자신같이 거의 신적인 능력이 있는 예수 비슷한 경지의 사람들에게나 말씀하시지, 그 말씀에 공감하기도 어려운 다수의 어리석은 대중을 아무렇게나 선택하여 날 따르라 해놓고 그들도 이해하지 못하는 어려운 이야기를 그 어리숙한 제자들에게 하셨을까?

자기 능력과 말씀의 능력 중에 무엇이 더 강한가? 세상은 전자를 선택한다. 조금 모자라는 그룹들과 소수의 착한 교회 오빠들은 후자를 선택하려고 엉거주춤 교회 근처에서 산다. 예수께서는 머리로 깨닫고 인식하고 통찰하는 능력과 말씀이 지닌 능력 중에 말씀이 지닌 능력이 크다는 것을 아셨던 것이다.

당시 예수가 지적인 그룹이었던 바울의 스승인 가말리아 랍비와 그의 제자들이 있는 학사나 통찰과 깨달음이 남달랐던 에세네학파로 찾아 가시지 않은 이유는 그들이 지닌 앞선 능력이 말씀의 능력에 비해 아무것도 아닌 것을 안 것이다.

말씀이 우리에게 '날마다 자기 십자가를 지고 나를 좇으라'는 것은 어려운 결단이 아니다. 자신이 결정할 능력이 있는 자에게 어려운 일이지 아무런 능력이 없는 자나 자신의 능력을 대단하게 생각지 않는 자들에게는 자기를 부인하는 게 아무것도 아니다. 아주 쉬운 일이다. 베드로가 자신의 능력보다 위대한 반석이 된 것은 자기를 부인할 수 있도록 크신 말씀이 능력이었기 때문이다. 말씀 앞에 선 자의 의무가 있다면 자신의 능력은 아무것도 아니라는 깨달음이 있어야 한다. 이 마음은 주께서 주신다. 주를 의지하면 이 마음에 이르는 것은 아주 쉽다. 자신의 능력과 아무런 상관이 없이 그저 그의 마음으로 가기만 하면 된다. 물론 쉽지 않다. 자신을 버린다는 건 거듭나는 것이기 때문이다.

마음이 자라지 않으면 모든 것을 놓친다. 돈도 명예도 만족도 기쁨도 마음 키우기를 우선하지 않으면 다 지나가는 호기심에 불과하다. 삶은 빠른 속도로 지나가는데 우리가 마음을 닦는 것보다 호기심에 더 치우치면 세월에 지게 된다. 자신을 이기지 못해 자기 아닌 삶을 사는 사람이 얼마나 많은가? 예수는 자신의 문제를 해결하려는 의지에 뜻을 두지 않고는 거듭날 수 없다고 보았다.

우리는 여전히 직업과 수입과 성공을 말하고 여건을 말하고 평판과 시간을 말하지만, 마음을 말하면 뜬구름 잡는 사람으로 본다. 사는 문제가 너무나 치열하기 때문이라고 강변한다. 하지만 잘 생각해보면 그 실상은 더 처참하게 자아가 부서져 있기 때문에 마음을 다스리는 단계에 올라서지 못하는 자신에 화가 나서 드높은 경지를 쳐다보기 싫어하고 있는 것이다. 누구든지 공유하고 있는 평상적인 정서를 가지고 자신의 문제를 시비해서는 마음의 본질에 이르기 어렵다. 시험에 들지 말게 하옵소서 하고 기도할 때 우리는 자신의 문제 때문에 진실을 보지 못하는 것을 두려워하라는 말로 이해해야 한다. 천하를 좌지우지해도 자신을 다스리는 게 더 어렵기 때문이다. 자신은 전혀 양보하지 않고 상황과 여건에 화를 내는 건 여전히 시간을 낭비하고 있는 것이다.

그리스도는 우리에게 제3의 사업을 주셨다. 자신이 무엇을 욕구하고 소망하고 좋아하고 행복해하는 지에 그토록 민감하고 집중하고 영원히 추구하는 것에 회의의 눈으로 보신다. 풍요는 이를 만족시켜 주는 것처럼 보인다. 그러나 이 삶에는 갖고 태어난 부유함과 만든 부유함만 있는 게 아니다. 영적인 부유함도 실질적으로 첫 번째 부와 두 번째 부를 간섭할 만큼 엄청난 영향력이 있음을 우리는 세월이 지나면서 알게 되지만 그 깨달음은 이 땅에서는 소수만이 누린다.

마음은 언제나 요동친다. 파도처럼 밀려오는 삶의 고난에서 단 한 번도 평정을 쉬 얻을 수 없지만 큰마음으로 예수님의 손길을 받으면 다 지나가는 일이고 큰 감사와 넘치는 기쁨이 온다. 그래서 행동이 아니고 하나님의 시선이며 생각이 아니고 마음이다. 돕는 것은 마음이 감동하고 마음은 주께서 도우신다. 주께서 도우시는 손길은 우리의 생영을 춤추게 한다. 마음에 접속하고 마음을 일으키는 찬양은 주께서 도우시는 마음에서 부르는 영적인 기도다.

찬양자는 제3의 직업을 가진 이다. 직업은 먹고사는 기본적 일을 뜻한다. 요즘 찬양자를 먹고살기 위한 직업으로 삼는 분은 그리 많지 않다. 풍요와 여유를 보장하는 호사로운 삶이 아니기 때문이다. 호사로운 보상을 보장하지 않아도 이 길에 미친 사람은 많다. 그 영향력은 보상을 뛰어넘기에 그렇다. 가끔 취미와 호기적 추구에서 끝나는 이도 있지만 노래와 찬양에 취향을 가진 자들에게는 생각보다 많은 선물이 있다. 먹고사는 일이 그렇게 중요한 일이 아니었을 때는 이 일은 매우 인기 있었다. 하지만 가진 자들이 예쁜 여자의 환심을 사는 것을 본 야망 있는 소년의 시대인 1980년대에 이르자 먹고사는 일이 중요하다고 생각하게 되는 세상이 되어버렸다. 그리고 그 중요하다고 생각하는 편향은 마치 오래전부터 진리처럼 굳어진 정의가 되어버렸다. 이렇게 만들어진 정의는 모든 세상이, 나라와 공동체와 가정과 교회가 추구해야 할 가치가 되어버렸다. 오늘날 부유하지 않은 교회는 교인도 공동체도 조직도 가르치는 자도 배우는 자도 그리고 거기서 찬양하는 자들도 부실해 보인다.

과연 그러한가? 준비되지 않은 찬양을 하는 게 부실한 것이지 노래 잘하고 표현 잘하고 스피커 좋고 어쿠스틱 능력이 있는 악기주자가 없어서 부실한 게 아니다. 하지만 어지간한 교회 사이즈가 되면 전문 연주자들과 이름난 찬양자들이 찾아온다. 사람이 좋아하는 교회가 되어버린다.

K-Pop 그룹인 BTS가 빌보드 차트에서 1위를 했다고 한다. 한국 뉴스에서 문재인 대통령이 축하 메시지를 보내고 난리가 났다. 중소기업의 매출을 단 몇 명의 어린 소년들이 이루었다는 관점을 눈요기하라고 귀띔하는 논설을 편 신문도 본다. 유튜브에서 조회 수가 1억을 넘었단

다. 이방 민족들도 우리 조선인들은 가무에 능하고 흥을 좋아한다고 기록한다. 이 흥이 돈이 되는 세상에 산다. 흥은 마음과 연결되어 있다. 돈이 마음을 움직이는 시대에 산다.

신약성서에는 주님과 제자들이 찬양했다는 기록이 찾기 어려운데, 마 26:30과 막 14:26에 '그들이 찬미하고 감람산으로' 갔다는 내용이 전부다. 그럼에도 불구하고 그들은 찬양했다. 기타와 드럼과 마이크가 없었을 것이다. 모르겠다. 작은 현악기와 리듬 악기들이 동반될 수 있겠으나 우리는 그 시대 초기 기독교 공동체에 대한 자료를 그리 많이 가지고 있지 않다. 성서에 찬양이 어떻게 쓰였는지 알면 오늘날 찬양과 찬양자들의 마음밭이 비교될 수 있을 것 같다.

다만 '찬미'라고 번역된 '훔네오'로 이 단어가 신약에 4번 나오는데 주석에 의하면 시편 113-118, 136편을 인용한 것이라는 설들도 있다 한다. 아마 주께서 당시 보편적으로 외우고 노래하던 시편 찬미를 했던 것 같다. 117편은 매우 짧지만 아름다운 찬양이다. 이들 시편에는 인자(사랑), 즉 '헤세드'가 계속해서 나온다. 이러한 주의 인자하심을 높이는 것이 찬양이다.

또 신약에서 '훔네오' 말고 보통 '찬양'으로 번역된 헬라어 단어는, '율로게오'로 문자적 의미는 '좋은 말을 하다'이다. 신약에서 동사형이 44번, 형용사가 8번, 명사형이 16번 나오니 거의 70여 회 나온다. 흥미로운 것은 롬 1:25와 9:5는 '찬송'과 '찬양' 둘 다 '아멘'을 붙인다. 또 신기한 것은 주님께서 승천하신 후 많은 제자들은 '늘 성전에서 하나님을 찬송'했다고 기술하며 누가복음은 끝난다. 누가는 찬양으로 그의 복음을 마무리하는데, 연결해서 쓴 사도행전은 '120여 명이 마가의 집 2

층 홀에 모여서 오로지 기도에 힘쓰더라'(행 1:14)라고 기록한다. 복음과 성령과 찬양과 기도가 함께한다. 예배드리는 것은 하나님 아들이신 예수 그리스도가 승천한 후, 이제 모든 것이 만천하에 그 진리가 선포되고 귀와 눈이 있는 자들이라면 이 일이 사실인 것을 알았을 것인데 그들 무리가 적지 않았고 성령이 그들에게 부어졌을 때 그들의 남은 삶은 그들의 능력과 부와 자기 신분에 상관없이 하나님으로 인해 능력을 얻었다. 그리고 그들은 기도하고 찬양했다.

주가 주신 나라가 이제 모든 삶의 가야 할 목적이 되었다. 기도와 찬양은 그러한 가치와 목적을 위해 존재한다. 하지만 우리는 찬양이 예전처럼 일주일에 한 번 평화로운 마음의 위로를 주거나 설교를 보조하는 데서 멈춘다.

무엇을 잃었는가? 마음을 키우고 영을 세우고 하나님과 깊이 교감하는 순간순간에 사는 것을 잃었다. 그분이 가지신 것이 얼마나 놀랍고 위대하고 크신지 모르고 작은 자신을 가져와 예배하는 데 익숙하다. 가진 것과 위장된 평화가 자신의 능력인 줄 착각한다. 자신의 능력도 자신도 아무것도 아닌 것을 알면 마음으로 돌아갈 수 있다. 이 일이 너무 늦지 않게 시작되어야 한다. 찬양하는 마음에 하나님은 아주 가까이 계신다. 우리는 참으로 행운이 있어서 그 찬양하는 자들이다. 이제 주의 마음을 받아들이면 된다. 삶으로, 생활 속으로 다시 끌어와야 한다. 조금 다른 이야기인데, 일주일에 한 번 불리는 회중 찬양은 전문 찬양자들의 선곡과 달라야 한다.

주님,
내게 아직 주의 소망이 있는지 보옵소서.

주는 나의 영원한 순간 목적이요
미래의 나라요 삶의 목적인 것을 주께서 아십니다.

내가 여전히 기름진 음식과
윤택한 옷을 입고 사는 것에
익숙해지는지 보시고
이웃들에게 밝혀주옵소서.

주의 마음이 있는 곳에
나 또한 거기에 있게 하옵소서.

주의 마음 깊은 것을 제게 알려주실 때
통찰과 비밀의 시선으로 인해
교만의 무리에 속하지 않게 하옵시고

또한 갖고 태어난 작은 마음과
거친 성정이 주의 마음을 이루는데
거리낌이 되지 않게 하옵소서.

우리가 노래할 때 주의 나라가 보이게 하시고
우리가 주의 마음을 받아들일 때 우리의 삶을 달리 살게 하옵소서.

7

새 노래란 무엇인가? (1)

새 노래로 주님을 찬송하여라. 땅끝에서부터 그를 찬송하여라. 항해하는 사람들아, 바닷속에 사는 피조물들아, 섬들아, 거기에 사는 주민들아 (사 42:10, 새번역)

모든 만물들이 그들이 사는 곳에서 가장 속 깊은 곳에서 터져 나오리라 여기는 이 영화로운 전설적인 표현은 찬송이 일어날 만한 경지를 펼쳐 보이는데 찬송이 새 나라가 세워질 세계를 일일이 부르고 그 부른 피창조물들과 그 위에 생명 있는 자들이 이제 나타나신 그분에게 조아리라 하신다. 그들을 위해 준비하는 나라라는 것이다. 그 이유는 위 이사야 42장 10절의 새 노래를 부르게 한 6절부터 9절에 나타난다.

나 여호와가 의로 너를 불렀은즉 내가 네 손을 잡아 너를 보호하며 너를 세워 백성의 언약과 이방의 빛이 되게 하리니 네가 눈먼 자들의 눈을 밝히며 갇힌 자를 감옥에서 이끌어 내며 흑암에 앉은 자를 감방에서 나오게 하리라 나는 여호와이니 이는 내 이름이라 나는 내 영광을 다른 자에게, 내 찬송을 우상에게 주지 아니하리라 보라 전에 예언한 일이 이미 이루어졌느니라

이제 내가 새 일을 알리노라 그 일이 시작되기 전에라도 너희에게 이르노라 (사 42:6-9)

새 노래에서 '새'는 날것이 주는 이미지가 강하다.
카다쉬(חָדָשׁ, 새로운 것, 날것),
쉬르 하다쉬(שִׁיר חָדָשׁ, 새 노래)에서 '새'는 New, New thing, Fresh(BDB)
70인 역에는 Kainos라는 형용사가 쓰였는데 '새로운, 사용되지 않은, 이상한, 주목할 만한'으로 나온다.

처음 것이다. 세상에 이제 막 처음 것으로 태어난 새 노래를 부르자고 한다. 그 원인은 하나님의 비밀의 나라 이제 보게 될 아주 어마어마한 구원의 미래 역사에서 끌어온다. 새 노래는 신구약 통틀어 가장 강력한 하늘의 선물에 대한 '날것'들의 반응을 일컫는다. 옛것들이라도 처음 본 새것인 듯 날것인 채 새로 태어난 마음에 일어난 노래다. 새 노래의 이미지는 다 함께 천하가 다 마음을 모아 주의 영광이 얼마나 높고 위대한지를 보게 한 한 사건과 그 사건을 진두지휘해 오신 하나님의 일관된 마음에 집중하게 하고 그 아름다운 최후의 장면을 연상시킨다.

성경에 새 노래가 많이 나온다. 아무것도 모르는 자들도 알게 되는 사건에 대한 반응이다. 세월은 이제나저제나 그것이 다 그것인 양 지나가는 종말에 지쳐있을 즈음에 하나님은 이 모두가 이제는 그것이 그것이 아니라 새 살이 돋고 새롭게 태어나는 감정이요 모든 게 생기가 나는 것인 양 새것인 양 모두를 알게 하는 노래처럼 알게 크게 새 마음이 된다고 말씀하신다.

우리는 이미 새 노래가 불리지 않았음에도 불구하고 그 새 노래를 아는 것처럼 대한다. '새 노래'라는 알려진 '기존 용재' 언어개념을 가지고 있어서다. 그런데 개념 말고도 느낌이 있다. 필자는 어린 시절 '새 나라의 어린이는 일찍 일어납니다'를 불렀다. 산업화를 막 시작한 정치가들이 만든 선전용 노래였다. 번영이 새 나라의 목적이었다. 모든 새 노래란 이미 개념과 이미지 그리고 느낌마저 정해져 있다.

그러나 새 노래란 엄밀하게 말해서 한 번도 불리지 않은 발표되지 않은 날것의 노래다. 그것은 이전의 것과 비슷할 수는 있지만 한 번도 들어보지 않은 노래다. 설사 그 노래에 대한 소문과 예언가들과 이전에 수많은 영성가들과 심지어 하나님께서 언급하셨더라도 그 노래는 현재까지 알지 못한 전혀 모르는 채, 즉 날것인 채 새로운 것이다.

이런 노래를 상상할 수 있을까? 전혀 알 수 없다. 그 세계를 안다고 해도 우리의 오감으로 느낄 수 있다 해도 그 날것이 지닌 새로움이 밝혀지는 순간에는 엄청난 파급력을 지닌 것이다. 그 파급력은 생영으로 깊이 예민한 생명심으로 사는 이들이 아니라면 또 아무것도 아닌 것으로 언급되거나 사라질 수도 있다. 하지만 그 자체가 지닌 함량을 전체의 사실로 받아들일 만한 감수성을 지닌 능력이 있는 자에게는 실로 엄청난 반향이 일어날 것임을 예언하고 있다.

새 노래가 언급될 때면 언제나 전체를 불러내신다. 열 줄 비파를 불러서 새 노래 하자 하고,

하나님이여 내가 주께 새 노래로 노래하며 열 줄 비파로 주를 찬양하리이다 (시 144:9)

온 땅을 불러 새 노래로 노래하자 한다.

새 노래로 여호와께 노래하라 온 땅이여 여호와께 노래할지어다 (시 96:1)

다윗의 마지막 시를 매듭짓는 무렵에 성도들 모두를 불러 새 노래를 부르자 한다.

할렐루야 새 노래로 여호와께 노래하며 성도의 모임 가운데에서 찬양할지어다 (시 149:1)

마지막 종말의 때에 주를 믿는 영적 소수자들을 불러 그들의 새 노래를 부르자고 하신다.

그들이 보좌 앞과 네 생물과 장로들 앞에서 새 노래를 부르니 땅에서 속량함을 받은 십사만 사천 밖에는 능히 이 노래를 배울 자가 없더라 (계 14:3)

한 비밀을 내가 알았는데 그것은 하나님이 내게 모든 것을 알게 하셨다 하고 그를 위해 새 노래를 하자 한다. 찬양하는 자는 특별히 택함 받은 소수자인 것을 알 수 있다. 물론 택함이 먼저고 그들이 부르고 찬양한다. 배울 자는 소수다.

새 노래 곧 우리 하나님께 올릴 찬송을 내 입에 두셨으니 많은 사람이 보고 두려워하여 여호와를 의지하리로다 (시 40:3)

새 노래는 이렇게 깊고 영화롭고 가장 날것이다. 주의 나라가 이 노래로 지칭되어져야 한다. 노래하는 자가 새것으로 노래하기 위해서는 종말을 준비하는 마음밭에서, 처음부터 지금까지 온 세상의 역사 한가운데 역동하시는 그분의 이름을 위해 준비된 자들이어야 한다.

  새 노래는 기적의 삶이 요구된다. 다른 세계를 가지고 살아야 그 마음이 준비될 것이기 때문이다. 우리 능력으로 기적의 삶은 오지 않는다. 우리를 상기시킬 마음을 준비하라는 것이다. 그 마음이 준비되면 하나님이 그를 통해 새 노래를 가르치실 것이다. 새 노래는 주의 나라가 열리는 때에 부르는 찬양이다. 우리는 새 노래를 부를 준비 된 마음으로 사는 자여야 한다.

주님
나의 노래가 새 노래가 되게 하옵소서
새 노래를 부를 수 있는 자로 살게 하옵소서
가장 알차고 영화로운 세상에서 불릴 노래 부르게 하옵소서

새 노래란 무엇인가? (2)

새 노래(시 144:9-10)

하나님이여 내가 주께 새 노래로 노래하며 열 줄 비파로 주를 찬양하리이다 주는 왕들에게 구원을 베푸시는 자시요 그의 종 다윗을 그 해하려는 칼에서 구하시는 자시니이다 (시 144:9-10)

(번역) 내가 새 노래를 노래하리이다. 하나님이여 내가 열 줄 풍성한 현악기 반주로 노래합니다. 그것은 날것의 새 노래입니다. 그 노래는 왕들에게 구원을 이루시는 자에 대한 노래요 그의 종 다윗을 해하려는 칼에서 구하시는 이의 노래입니다.

새 노래는 보통 아침에 일찍 일어나 드리는 찬트를 말한다. (사 43:19, 애 3:23) 주께서 신령한 종들의 예배로 인해 가장 창조적이고 가장 신선한 일을 일으키시는 순간이다. Morning Spirit, 또는 Quiet Spirit이 움트는 순간이다. 이는 봄에 피는 꽃이 겨울의 추위와 아픔과 갈증의 고난을 뚫고 따뜻함과 습윤을 허락하시는 손길에 있다. 이는 그 고난에 함께 계시는 분의 자비하심으로 피어나는 탄식의 눈물 뒤에 오는 응답의 순간과 같다. 그러므로 새 노래는 알 수 없는 주의 허락이 있고 나서 가장 영민하게 느끼는 손(음악가, 예배자, 주의 종, Cantor)에 의해 Quiet Spirit은 형태와 풍요로 거듭나는 순간의 '날것'이다.

많은 예배 음악가들이 이 새 노래를 받아 쓰고 싶어 한다. 주의 영은 가장 영민하게 느끼는 손에다 이 노래를 놓으신다. 아무런 섞임이 없고 하늘의 은총으로 인해 아무런 내외적 갈등이 없는 예배자인 종의 마음이 주인인 하나님의 마음으로 일치의 지경에 놓인 이에게 허락된다.

신령한 상태로 일어난 감동의 예배에서 일어나는 노래다. 노래와 예배는 어원이 같다. 노래는 마음의 움직임이 없이 일어나지 않는다. 또한 노래는 마음의 움직임 없이 노래되지 않는다. 현악기인 리라(오늘날의 손 기타인 우쿨렐레와 비슷함)보다 큰 현악기이다. 보통 리라는 4줄인 반면 10줄 비파는 수직적으로도 오버톤(배음)이 확장되며 현이 더블로 되어 있어 횡적으로도 확장되어 음색이 더블(겹)로 확대되어 낼 수 있으며 옥타브 아래 소리까지 사람의 영적 근원인 저주파의 음역대까지 넘나든다. 음역은 넓고 음색도 풍성한 3차원적인 입체 사운드로 퍼져 땅과 하늘 그리고 가보지 아니한 곳(예배의 처소)으로 안내하는 역할까지를 모방한다. 이런 현악기는 준비된 예배자가 드리는 노래와 어울려 날것(새 노래)이 된다. 이런 노래는 Quiet Spirit이 준비된 격식 있는 전문 음악가인 제사장에 의해 연주되곤 했다. 다윗은 4줄 손 리라(키노르)를 자유롭게 연주했던 아름다운 목동 가수였다. 그가 새 노래로 주를 경험한 것은 이상한 일이 아니다.

주를 찬양하는 자는 다윗 후손의 축복 아래에 사는 것이다. 전문적인 음악가와 새 노래는 다르다. 전문적인 음악가가 새 노래를 그대로 복주(複奏)할 수는 있다. 그러나 예배자는 전문적인 음악가가 아니더라도 새 노래를 현장에서 부를 수 있다. 정말 전문적인 음악가들은 때로 영적이기 때문에 자기의 노래를 자신의 기교로만 부르지 않고 누군가의 움직임에 자신을 맡긴다. 그래서 전문적인 음악가들은 사람과 하늘의 영감을 나르기도 한다. 그렇다고 모두가 그런 것은 아니다.

새 노래란 기술 있는 자가 부르는 영적인 노래라는 뜻이 아니라 주께서 주신 마음을 함께 가지고 찬양하는 자의 노래라는 뜻이다. 마음을 가져온 자, 주의 마음을 본 자, 주의 마음이 그를 허락한 자의 노래다. 그가 하나님의 나라를 위해 사는 것은 그리 어려운 목적이 아니다. 마음을 받은 자는 거듭난 것이다.

주님
나의 마음이 주의 마음이 허락한 지경에서 노래하게 하소서
창조적이고 신선한 주의 마음에 있게 하옵소서

8

생명의 찬양

주의 인자가 생명보다 나음을 찬양합니다.

하나님이여 주는 나의 하나님이시라 내가 간절히 주를 찾되 물이 없어 마르고 황폐한 땅에서 내 영혼이 주를 갈망하며 내 육체가 주를 앙모하나이다 내가 주의 권능과 영광을 보기 위하여 이와 같이 성소에서 주를 바라보았나이다 주의 인자하심이 생명보다 나으므로 내 입술이 주를 찬양할 것이라 이러므로 나의 평생에 주를 송축하며 주의 이름으로 말미암아 나의 손을 들리이다 (시 63:1-4)

하나님을 만난다는 것은 결코 쉬운 일이 아니다. 동시에 아주 쉬운 일이다. 인간이 더 이상 견딜 수 없는 육체의 갈망 가운데 있을 때는 하나님이 찾아오시나 더 이상 부족함이 없어 해 아래 새로울 것이 없는 여유에 있으면 인간의 마음은 이러한 갈급한 영혼이 되지 않는다. 그게 인간이다. 그리 갈급하지 않은 인간에게는 하나님은 쉬 보이지 않는다. 그러니까 주를 믿는다 함은 풍요로울 때도 하나님의 부재를 느낄 때 고통 당하는 자이다.

하나님을 찾는 인간과 하나님의 인간을 향한 마음은, 이렇게 인간의 결핍이 극에 달할 때 하나님이 찾아오시므로 주의 임재는 인간의 문제를 해결할 뿐 아니라 인간은 문제의 해결 뒤에 계신 더 큰 선물인 하나님의 현시를 목격한다. 다윗은 풍요한 가운데서도 하나님의 임재가 느껴지지 않을 경우 갈급한 심정이 된 것을 볼 수 있다. 보통 사람의 경향은 절박한 가운데 평소에 찾지 않던 신을 찾는 게 일반적이지만 다윗은 물론 황망한 광야에 처해지긴 했으나 부하가 있는 장수였고 전쟁 가운데 있었지만 궁전이 있는 왕이었다. 그는 얼마든지 자신을 즐겁게 할 수 있었다. 하지만 그는 하나님의 임재가 있기 전까지는 평강이 없다고 여긴 것이다.

다윗이 성소에서 주를 바라보았다고 한 것은 그가 여유롭고 평안했을 때에도 하나님이 계실 만한 곳, 스스로 준비되어서 하나님을 찾는 갈급한 마음이 우러나 찾아갔다 한 것이요, 주가 임재하기 전부터 그의 존전에서 경외하였다는 것이다.

우리가 다윗에게 배울 점은 주의 인자가 생명보다 낫다고 고백한 마음이다. 주의 사랑은 자신의 생명값보다 더하다고 고백한다. 자기 존재의 값보다 그의 사랑이 훨씬 깊고 심오하고 강하다고 고백한다. 그가 평안할 때라도 하나님의 사랑을 그리워한 이유이다.

우리의 신앙이 어디까지인지 점검할 만하지 않은가? 어찌 보면 다윗은 하나님의 크나큰 선물이 얼마나 놀라운 것인지 본 사람이다. 만약 우리가 평안할 때에도 하나님의 임재가 없어도 고통스럽지 않다면 우리는 다윗이 본 하나님의 인자를 보지 못해서 그런 건 아닐까?

시인이 갈급하여 생명보다 나은 주의 사랑, 이를 찬양하는 자의 마음에 일어난 가슴 벅찬 기운을 보라. 시인이 비록 물이 마르고 황폐한 땅에서 주를 간절히 찾아야만 하는 절망의 끝자락에 서 있는 처지이나 주의 영광을 기어코 보고야 말았다. 지금 고단하나 하나님을 보았다. 그것이면 족하다. 하나님이 무엇을 주지 않으셔도 된다. 나를 보고 있음으로써 그 모든 것은 온전하다. 주의 권능과 영광을 보기 위해 성소에 찾아왔다. 하나님은 자신이 찾으면 언제든 거기 계신다. 그런 뜻이다.

샬롬이다. 주께서 우리에게 주시는 복의 명령형!
평강하라, 자유하라, 생육하라, 누리라,
사랑하라, 만끽하라, 너를 사랑한다,
너는 언제나 특별하다, 내가 너와 함께한다.

하늘이 자신들의 자녀들에게만 주시는 특별한 은혜가 있다. 그것은 분명하다. 주께서 오래전부터 아주 특별히 사랑을 느끼는 자녀들에게 세상은 그들을 결코 좋아할 리 없는 그 삶의 어수룩함을 보시고, 말할 수 없는 연민과 미어진 사랑을 주고 싶어 하신다. 단 한 번에 커다란 파도의 방향을 바꾸어 줄 아주 긴박하고 또렷하게 확신으로 이르시기를, "아 OOO야, 나는 너를 마음 터지게 사랑한다."(자기 이름을 넣어 불러보세요)

그렇게 우리 모두 가슴 터지게 일어날 그 날이 온다. 그게 오 나의 찬양(감탄의 찬양)이다. 일반적인 자연의 오묘함으로 당신의 자녀들에게 큰 축복을 주셨다. 그러나 특별한 사랑으로 역사의 분기점에서 당신의 자녀들이 커다란 시련과 환난을 통해 이 땅 가득히 주님의 나라로 채우는 나날 속에 누군가의 희생이 필요할 때마다 당신의 사랑하는 자들이 가야 한다.

사실 주님은 매일 고통당하신다. 사랑하는 자들에게 더 큰 세계와 아름다운 평강을 주시기 위해 작은 고통을 허락하시기 때문이고 그 고통을 함께 아파하신다. 하지만 그리스도인들의 환난과 세인의 풍요가 극에 달할 때 언제나 하나님은 대반전을 준비하고 계신다. 때가 되지 않았는데 당신의 자녀들이 고통이 지나치다고 여겨질 때, 그 때를 앞당기시기도 하신다. 찬양하는 자가 나중에 이 사실을 알았을 때, 그는 찬양한다. 이게 찬양이다. 오, 주님 나의 찬양을 주께 올립니다.

당신이 오직 주관하는 그 날에 부를 찬양하는 이들의 간절한 기도와 호흡, 그리고 주께서 차리신 그 아름다운 식단에는 한 번도 맛보지 못한 진미가 놓여 있을 것이다. 오직 사랑으로 가득 찬 무리들의 그 아름다운 노래와 아름다운 마음과 빛나는 영혼을 누릴 것이다.

찬양하는 자들에게 단지 한 가지 의무가 있었다면 풍요로울 때도 주의 임재가 그리워 성소에 찾아간 것이다. 주의 권능과 영광을 보기 위해 그 예배의 처소에 찾아간 것이다. 그 후에 안 일이지만 그는 그 성소에 가서 죽을 수도 있었다. 그의 고백은 주의 인자하심으로 잃을 생명을 지나갔다. 그는 생명보다 하나님의 사랑이 크신 것을 알게 된다. 그의 깨달음은 생명을 걸고 진리가 선포되는 하나님의 현시 앞에 섰다. 무죄선고도 없었다. 그는 죽을 수도 있었다. 하나님은 그가 무죄하지 않은 것을 알았음에도 그의 사랑으로 덮으신다. 그리고 죽을 수 있었던 자가 하나님의 은혜와 사랑으로 살려내신 것과 하나님의 존재를 끝내 알고야 만다. 이 두 존재의 사랑은 오직 기도와 반응으로 나타나지만 찾아간 자의 생명은 되돌려 받고 더불어 하나님의 생영을 느끼게 된다.

위 논리에 의하면 찬양은 자신의 풍요한 상황을 아무것도 아닌 것으로 알고 이를 뛰어넘는 하나님의 지고함을 여전히 추구하여 일어난 자기 부정과 무모한 자기 버림을 동반하여 성소에 나아가야 하나님의 큰 반응인 인자를 선물로 받는다는 것이다.

찬양은 노래하는 것이지만 삶에서 살아내며 얻어지는 깨달음의 영이요 또한 그 한가운데 여전히 자신에게 임하신 하나님을 아는 것이다. 이를 고백하는 것이다. 그러므로 찬양은 선지의 영이다. 언제든지 마지막까지 하나님의 인도하심을 끝내 열납하기를 간구하는 것이다.

9

눈을 들라

찬양에는 능력이 있다. 주께서 창조하신 모든 원조가 다 하늘 주소에 있지만 특별히 땅에서도 이 주소지가 있는 게 있는데 그건 찬양과 경외이다. 이 씨는 처음부터 하늘에 있었으나 땅에까지 내려와 있다. 이 씨를 오래전 에덴에서 인간에게 주셨는데 이는 하늘을 향할 수 있도록 주께서 친히 지으셔서 넣어 준 주의 '형상'에서 나온 것이다. 찬양은 그 형상이 하늘을 향해 주님과 접촉하는 창에 다가가서 '올려다보는' 행위의 주체인 특별한 창인, 마음눈에서 시작한다.

> 감사함으로 여호와께 노래하며 수금으로 하나님께 찬양할지어다. (시 147:7)

(번역) 넘치는 숭고함으로 여호와께 눈을 듭니다. 그리고 하나님을 향해 하프로 탄주합니다.

찬양하다, '아나(עָנָה, `anah)'의 원뜻을 깊이 묵상해 본다. 원뜻은 눈의 행동, 즉 주의를 집중하여 주목한다는 뜻이다. 그리고 어느 곳으로 향하고, 그곳에 내주(상호 교통하고 함께 거주함)한다. 또는 어떤 귀한 일을 목격했을 때 그의 영혼이 민감하게 반응하는 것을 뜻한다. 긴급한 주의력으로 어떤 메시지를 말하는 존재가 있음을 의식하고 긴히 집중하고 듣는 태도를 설명하고 있다. 그리고 그 음성에 반응하는 행동의 내용이 간증이요 찬양임을 뜻한다. 그리고 충분히 마음을 모아 반응을 준비하고 난 뒤 첫 반응을 시작한다. 응시와 반응이 하나가 되었을 때 일어난다.

다윗은 이 독특하고 영적인 노래하는 순간을 아주 즐거워했다. 다윗의 찬양이 끝난 후 자신에게 일어난 모든 어려움들이 아무것도 문제 될 것 없음을 알게 된 고백은 많다. 그의 시를 읽어보면 지천으로 널려 있다. 하나님이 다윗의 찬양을 듣고 어린아이처럼 좋아했다는 걸 말해준다. 다윗은 노래하는 자였다는 것 때문에 받은 은혜와 수혜가 실로 엄청났다. 찬양 하나로 다 이루어주신 것을 알았다. 시편을 통해 그는 언제나 찬양하고 난 뒤 하나님의 마음이 어디에 있는지 알았다는 적잖은 증거들을 확인할 수 있다.

주를 응시하고 주의 마음이 우리에게 찾아오는 순간에 우리의 가슴은 동요하고 있다. 그리고 자신의 내적 동요에 자신의 입술과 악기로 반응하는 게 찬양이다. 우리가 찬양할 때 하나님을 깊이 묵상하며 응시하는 마음 없이 우아한 기술력을 자랑하는 합창적 소리, 전문적인 싱어 흉내를 내는 것에만 집중하는 것은 영혼이 빠진 세련된 노래, 얼빠진 소리일 뿐이다.

오늘날 미국 교회에 전공한 성악가들만 노래하는 찬양대에 가보라. 회중들이 없다. 노래만 불렀기 때문이다. 하나님의 마음과 연결되지 않은 좋은 기술은 전문가라면 누구든지 돈을 주고 살 수 있다. 좋은 기술이 필요 없다는 게 아니라 먼저 하나님의 영이 노래하는 영혼에 내주해야 한다는 것이다.

그리고 여기 하프라는 악기를 탄주한다고 했을 때, 탄주한다는 뜻은 주를 목격한 자에게 내려온 그 마음을 받아내 역시 내적 동요를 일으키는 아주 영적이고 서정적인 하나 됨으로 터치한다는 의미로 사용하고 있다. 노래한다 할 때 아나 동사, 그리고 탄주의 히브리어인 짜마르(רמז)는 노래하는 자를 집중하는 것이며 동시에 노래하는 자신이 동일시하는 하나님께 집중하는 것이라 풀이하고 있다. 손가락으로 현을 튕기는 물리적 행동과 소리치는 신체 행동이 독립된 기능이 아니라 something feeling과 연결되어 있다.

영어의 affection과 feeling을 구분한다. affection은 그 소재가 '자기 감정'에서 나온 것이라면, feeling은 그 소재가 밖에서 들어온 '느낌'을 뜻한다. 노래는 자신 안에서 일어나는 감정을 밖으로 표현하는 것이 아니라 밖에서 들어오는 것을 의식하여 기다리며 그 영으로 하여금 함께 부르는 것을 뜻한다.

현악기의 소리나 노래나 다 어떤 존재를 함께 의식하고 있다. 이제는 다윗이 집중하고 싶어 했던 주체에 대해 얘기할 차례이다. 그가 의식한 건 여호와 하나님이시다. 노래하는 자에게 아무런 흔적이나 영혼의 느낌이 없는 자는 그를 묵상하거나 의식하기 어렵다. 찬양하는 자는 고백할 만한 하나님으로부터 일어난 내적 사건이 있어야 한다. 주를 간절히 찾는 자가 주를 만나리라 하셨다.

아직 그분이 어떤 분인지 feeling으로 느끼지 못했다면 오늘 눈을 들어 주를 간절히 집중해보라. 여러분의 찬양에 다른 것을 주실 것이고 여러분의 찬양은 달라질 것이다. 그리고 그분으로 인하여 여러분의 마음도 달라질 것이다. 노래하는 자가 노래하기 시작할 때 그 주위에 있는 자와 함께 알 수 없는 존재와 통하고 영과 서정이 내면을 움직여 들리는 곳을 향하여 눈을 뜬다. 함께 이 과정에 연결된 영이 빛나면 저절로 하나가 되어 반응을 내는 것을 뜻한다. 이것이 찬양하는 것이라 일러주고 있다.

아무래도 먼저 자신에게 일어난 느낌으로 부르곤 하는 대중가수의 노래처럼 affection에서 나온 갈망의 소리가 아니다. 먼저 아무 생각 없이 소리 질러보는 노래방식 습관과 멀다. 묵상 없이 목청을 먼저 내버리는 행동과 상당히 괴리가 있다. 어떤 새는 죽을 때 한 번 운다고 한다. 찬양을 자주 하지 말라는 뜻이 아니라, '아나'의 뜻으로 보아 찬양이 되는 음악행위는 전 존재의 정체성을 이미 알고 동일시(identification)가 일어나는 영혼의 눈을 드는 행동이 먼저라는 뜻이다. 찬양이란 '자신을 주께 참된 존재인 마음의 서정과 영을 올려드리고 또한 주의 빛의 기운이 내주하여, 자신의 전 존재를 통해 주께 올리고 내려받는 경외의 소통으로 송축하는 행위'이다.

이처럼 노래는 긴급한 두려움처럼 경이로움으로, 놀라움으로 하나님 앞에 모두가 서 있어서 눈물의 일체로 확산되어야 한다. 히브리 문장을 다시 다르게 번역해 보겠다. "눈을 들어, 높음을 넘나드니 숭모하는 마음에 이르게 되어 노래하고 하프로 하나님을 탄주한다." (또 다른 번역)

다윗의 하나님과의 깊은 교제는 혼자 부르든 함께 하나님을 찬양하든 찬양 가운데 일어났다. 하나님은 언제든 다윗의 키노르(이스라엘 수금)

를 가지고 자신을 찬양하였기에 그와 동행했다. 다윗은 정사에 집중할 때도 키노르로 하나님과 교제하며 자신의 눈을 하나님께 주목하고 반응하는 마음에 살았다. 찬양 리더가 먼저 기타 소리를 내고 마음을 읊조리는 전조행위를 연상해보라. 비슷하다. 다윗은 회중 찬양 리더가 아니라 스스

키노르

로 자기 삶의 중심에 하나님의 마음을 들여놓으려 찬양의 도구를 손에 가지고 다녔다는 것이다. 주의 영과 하나 됨을 매 순간 찬양할 때마다 느낀다는 건 쉬운 일이 아니다. 그런데 반드시 그래야 한다면 어떻게든 준비해야 하는 것 아닌가?

사실은 대중가수들도 자신이 부르는 노래 가사에 민감하게 감성과 집중으로 노래하는 자와 노랫말이 하나 되려고 지극히 노력하고 이것이 될 때까지 엄청나게 훈련한다. 이를 보고 관중들은 일체감과 동일시를 통해 충격을 받고, 눈물을 흘리며 자신을 치유한다. 일반적으로도 정말 노래를 잘하는 게 무엇인가? 어떤 경지에 자신을 집어넣어(몰입), 그 노래와 노래하는 자가 하나가 되는 것이다. TV 노래 프로그램에서 이런 것은 늘 보고 있지 않은가? 사실은 모든 노래는 찬양을 모방한 것이다. 많은 이들이 노래를 듣고 지극한 동일시 황홀경에 빠진다. 노래는 온 세상이 다 추구하고 있다. 왜냐하면, 사춘기가 시작된 아이들부터 삶의 설렘을 가장 리얼하게 형상할 수 있는 도구가 노래라는 걸 알고 있기 때문이다. 노래에 알 수 없는, 육체 이상의 영이 있는 걸 알고 있는 것이다.

그러나 찬양이 대중음악과 다른 것은 동일시가 자신의 내면에서 나온 게 아니라 하나님께 구하고 그분께서 여러분의 노래를 부르게 하시도록 나의 노래를 그분의 노래로 부르게 하는 것이다. 이 경지는 끊임없이 무대와 찬양대에서 집중해야 하는 덕목이다. 신앙은 찬양이다. 주께서 그렇게 말씀하셨다. 자신을 비우면 찬양이 살아난다. 모든 이치가 여기서 출발한다. 다윗은 하나님이 찬양 가운데 서 계신 것을 일찍부터 알고 있었다. 하나님께 사랑받아본 자의 특권인 느낌으로 알고 있었다. 오늘날 대중 가수들은 돼먹지 못한 가사에도 온 마음을 집중하여 부른다. 오직 사람에게 초점을 맞춘다. 돈과 인기와 영향력 때문이다. 찬양은 사람을 위해 하지 않고 자신 안에 계신 하나님을 향해 그 하나님을 통하여 고백한다. 그리고 회중들과 나누는 것이다. 하지만 우리는 하나님을 찬양하면서 자신의 마음의 영을 일으키는 데 익숙하지 않다. 열광하는 사람 앞에서 하는 대중가수들의 혼절처럼 보상이 없어서 그러한 것은 아닐 터인데 우리의 잘못된 준비성 때문은 아닌지 생각해보기 바란다.

노래하는 자는 영을 다루는 자인 건 분명해 보인다. 찬양하는 자는 늘상 일어나는 일을 처리하는, 습관에 젖은 officer(교회 파트타임 직원)가 아니다. 그 영을 준비하고 다룰 수 있어야 하는, 매우 준비된 특별한 자이다. 눈을 들어 그가 계신 곳으로부터 오는 깊은 영험을 먼저 가져보라. 그리고 그 마음에서 노래하라. 이것이 찬양이다.

주님 노래하며 찬양합니다. 나의 눈을 주께 올려봅니다. 우리의 눈을 하나님의 마음까지 수준 높게 올려 주옵소서. 내 존재와 영이 주의 영을 받습니다. 주를 송축합니다.

10

최후 로드맵

시대를 거스르는 영성

내 대적들이 주의 말씀을 잊어버렸으므로

내 열정이 나를 삼켰나이다

주의 말씀이 심히 순수하므로

주의 종이 이를 사랑하나이다

내가 미천하여 멸시를 당하나

주의 법도를 잊지 아니하였나이다

주의 의는 영원한 의요

주의 율법은 진리로소이다 (시 119:139-142)

말씀은 특별한 은혜의 처소에 계신 분의 시혜로 은혜받은 자에게 전해진다. 우리는 은혜를 받을 자격이 원천적으로 없는 존재다. 하나님은 우리를 은혜 가운데 세우셨다.

말씀을 받은 자가 하나님의 통시를 받은 것이 우연이나(또는, 무연처럼) 지나가는 것이 아니듯이 말씀이 힘을 가지게 된 것은 우연에 의해 지나가는 복이 아니다. 복이 있으니까 좋고 그래서 복 하나를 더 얹어 사는 것이 아니다. 아주 특별한 하나님의 마음에 문을 연 것이다.

그가 단 하나의 통시라는 선물을 받았으므로 모든 것을 얻은 것이다. 이 선물을 받은 자는 삶의 차원을 다르게 살도록 종용받은 것이고 이는 존재 상황을 넘어선 하늘의 시대에 존재로 입문한 것이다.

그러므로 말씀은 인간 시대를 거슬러 살게 한다. 말씀은 시대를 탐내는 풍운아들이 사는 통속적 물건 하나를 더 가지려는 다다익선 세상과 다르다. 결국 말씀 앞에 선 자는 시대에 의해 미천한 취급과 멸시를 당한다.

말씀은 우리의 삶의 태도를 매우 곤혹스럽게 만든다. 세상의 시류와 동조하지 않기 때문이다. 때때로 말씀은 유머와 세련미와 풍요와 온건한 태도를 거부한다. 때때로 말씀은 미움이 깃든 정서적 논리와 술수를 위한 허세와 다수의 의견이 지배하는 민주적 합리화를 배격한다. 때때로 말씀은 적당한 즐거움의 대화에 찬물을 끼얹는다.

찬양하는 이들의 교제와 정서적 교감 범위를 보면 TV 코미디언들이 나오는 예능 프로그램의 수준을 벗어나지 못하는 것을 본다. 물론 찬양 연습은 재미있고 유연한 가운데 이뤄져야 한다. 때때로 찬양이 지닌 영에 대해 말할 때 아주 낯선 신앙심을 표현하는 리더의 심각한 톤은 인기가 없다. 다수는 리더가 이런 어조가 되면 마치 딴 족속처럼 여긴다. 그들이 원하는 것은 오직 찬양에 속한 음악의 즐거움, 물리적 음향과 정서적 충족이다. 말씀의 지고함을 설명해야 할 때 다들 말이 없다. 어렵고 복잡하고 이해하기 어려우며 나아가 뜬구름 잡는 답답하고 재미없고 지루한 지식 같다는 정서를 가지고 있다.

찬양자의 마음밭에는 물론 음악이 지닌 정서적 민감함과 풍성한 감성이 필요하다. 하지만 무엇보다 아주 특별한 영적 감수성이 필요하다. 찬양하는 일에 70%는 음악적인 것에 집중해야 하지만 30%는 찬양연습에 이런 시간이 왜 필요한지 의아하게 여기는 아주 심도 있는 말씀에의 진입이 필요하다.

하나님과 깊은 교감이 없었던 자는 이런 낯선 경험에 동조할 자기 기억이 없다. 찬양하는 자들이 마지막 코스에 도착해서 해야 할 일이 적혀있는 최후 로드맵이 없는 리더나, 이를 따르는 찬양하는 이들은 그 마지막의 톤을 구사하지 못하고 백화점식 데코레이션만 더 붙이고 만다.

많은 음악적 언어들이 실연주에서 표현이 가능했음에도 불구하고 일관된 하나님의 영이 드러나지 못하고 마는 이유는 최후 로드맵인 하나님을 직시하는 접속창을 가지지 못했기 때문이다. 이 접속창에 의하면, 찬양하는 마음에 세상을 거부하는 다른 세상을 향하는 하나님의 의지가 있다. 찬양하는 이유에 세상의 시류에 동조하지 않아야 할 절박한 마지막 갈림길에선 웃음과 재미와 유연함을 멈추어야 한다. 때때로, 찬양하는 태도에 유머와 세련미와 온건한 풍요를 거부하고 건조하고 거칠고 가난한 아픔을 받아들여야 한다.

찬양은 마지막까지 주의 마음이 어디에 있는지 추적한다. 의로움을 향한 마음의 의는 결국 찬양의 길에 서 있다. 찬양하는 자가 본 자아는 하나님 때문에 스스로 값없는 존재에서 얻은 횡재한 인생인 것을 알지만 아주 특별하고 매력 있는 소중한 존재자들의 시민인 것을 안다.

주님

말씀이 지닌 하나님의 통시로 나아갑니다.

주의 영이 계신 접속창으로 나아갑니다.

주의 순수한 영을 사모합니다.

주님의 영원한 의의 아름다움을 사모합니다.

삶에 일어나는 풍성한 즐거움보다

아름다운 말씀의 선물이 있음을 알고 기꺼이 함께 선택합니다.

아름다운 찬양의 선물을 가리지 않고 선택합니다.

말씀의 영을 제게 주옵소서.

11

영성 이야기

　영성이란 하나님을 향한 폭넓은 경험과 감성 자체가 지닌 멈추지 못하고 흐르는 영적 활동과 그 영이 지닌 성품을 두루 말할 때 쓴다. 평상시에도 하나님에게서 스피릿을 담고 사는 이들에게 저 자신도 모르게 흐르는 삶의 예배의 자세에서 풍기는 어떤 느낌을 말할 때도 쓴다. 한마디로 한 개인에게 하나님이 하나님성으로 존재적 삶의 자리에 있는 흔적이다.

　영성이란 무엇인가? 영성이란 자로 잴 수도 없고 만질 수도 없는지라 이 말을 사용하는 자체를 두고도 말들이 많다. 성경에는 이 말이 전혀 나오지 않는다는 사실로 이 단어를 사용하는 것을 비난하기도 한다. 심지어 영이 들어간 모든 합성어들을 배반적 종교용어로 취급하는 이들도 있다. 이들이 이 용어를 사용하지 않는 이유로, 그리스도의 십자가를 말하지 않는 모든 종교적 정신활동을 두루 폄하할 때 십자가 얘기를 뺀 다른 정신활동 행위에 대해 부정적 느낌으로 표현한다.

　그러나 필자는 그리스도의 십자가에는 그 사실만으로 끝나지 않는, 보이지 않는 어떤 함량이 있음을 느낀다. 매우 깊은 비밀스러운 흐름이 있다. 이 십자가의 사건 사실 하나로 온 인류가 구원을 받는데 이 예수

의 구원사건이 낳은 성품과 인격으로 빛나는 행적과 흔적이 세상의 곳
곳에 스피릿으로 남아 있다. 그렇다면 영성은 수행자의 행위(찬송, 묵상,
명상, 기도, 고도의 정신활동)로만 남은 게 아니라 십자가 구원 사건 자체에
서도 저절로 흘러난다고 보아야 한다. 그러니까 하나님께서 인간에게
하나님의 나라를 보여주시는 지점인 현장에서 영향받은 정신활동(영성)
은 원하건 원하지 않건 흐르고 있다고 보아야 한다. 하나님은 꾸준히 인
간과 친교하시고자 하시기에 현장에 그의 흔적이 나타나기 때문이다.

　　하나님은 어린아이에게 매우 가까이 임재해 주신다는 것을 성경은
말하고 있다. 어린아이에게 도대체 무엇이 있기에 어린아이에게 이런
영성이 그들에게 전달되고 있을까? 가만 보니 아이들은 필요 이상으로
심각하지도 고민하지도 않으며 저간의 세상과의 관계에 대해서도 매우
무관심하다. 우리는 필요 이상으로 세상과의 대면에 서 있을 때 행동과
지식에 있어 과부하에 걸려있다. 지나치게 사람 관계에 치중하고 침묵
에서 시작되는 하나님과 우주의 깊은 지식과 영에 대해 무관심하다. 이
관계의 과부하를 저치면 온 우주(내면과 외면)에는 하나님성 아닌 것이 없
다. 우리 안에 하나님성을 가장 많이 가진 자들인 아이들에게 있는 것이
었는데 어른들이 잃어버린 것이 무엇인지 살펴보기로 하자.

　　어린아이에게 있는 것들
　　① 민감함 (첫 경험에 반응하는 몸과 마음의 순발력이 매우 빠르고
　　　적극적이고 강렬함)
　　② 순진함 (처음 대하는 사람과 사물의 저간의 사정에 대해 고려할
　　　지식과 경험이 없음. 그래서 낯선 무지함에 솔직함)

③ 무식함 (전문적인 지식과 경험이 전무함. 자신의 무지에 대한 부끄러움이 없으며, 지나친 전문 지식과 상식을 넘는 2차적 적용지식까지 골똘하게 사고의 범위를 넓히지 않음)
④ 즉발성 (울음, 웃음, 놀람, 민감함, 예민함)
⑤ 설렘 (처음에 경험한 어떤 경우에든 첫 반응에 대한 흥분과 열정과 재미를 느낌)
⑥ 단순함 (신체 반응에 잘 따르고 -놀고 자고 먹고- 있는 그대로 반응한다)
⑦ 믿음 (보호자가 있음으로 인해 온 천지가 자기 세상이 된다)

하나님성은 위에서 열거한 것들처럼 전제가 없는 것들이다. 무엇을 많이 느끼고 있는 것도 여기에서 배제된다. 깊이나 높이나 넓이를 깊이 이해하고 느끼는 행보보다는 하루살이가 보는 신기한 자기 반응이 더 많다. 처음 것들이 갖고 있는 설것이 더 많다. 외부 반응에 내적으로 민감한 것이다.

하나님은 이런 신기한 자기 반응자들에게서 동조반응을 내신다. 찬양은 자기 반응이 쉽고 민감하고 적극적이며 속도 빠르게 반응하는 자들에게 오히려 하나님성(영성)이 있다고 느낀다. 이런 자들은 고루하지 않고 가치를 밀고 나가거나 지시하지 않으며 언제나 모든 이들의 좋은 것과 열렬히 친교하려 한다.

영성은 촉이 빠른 자들에게 있다고 해야 한다. 찬양은 그들의 저장된 무게와 능력을 자랑하지 않는다. 다만 민감한지라 좋은 것에 남달리 반응하고 좋아하고 공감하고 쉽게 잘 통하며 어울린다.

오늘날 주류 교단과 대형 교회와 시스템이 갖추어진 행정력이 있는 교회의 찬양대나 찬양팀들은 어느새 세련되어져 무대 프로듀싱이나 찬양의 창법이나 예배 설계와 주보에 이르기까지 점점 더 무거워지고 있다. 더 이상 적은 재능을 가진 자가 내뱉는 설익은 노래가 설 자리가 없다. 오직 전문가들의 정해진 창법과 전문적 색감으로 도배된 더 이상 좋아질 만한 것이 없는 듯한 디자인과 영성이 드러난다.

그런데 왠지 무엇 하나를 잃은 듯하다.

어느새 종교적 감성들이 독특한 과패턴과 과스타일로 지정되어 버렸다. 때때로 그것들이 조금씩 오래되어 회중들이나 교회 리더들이나 의사결정 구조에 있는 이들의 정서적 범위 안에 형성되어 버렸다. 그 날 그 교회에 새로 온 사람이 아니면 느끼지 못하는 타성과 지나친 의식주의와 형식미가 스며들어 있다. 새로운 이들에게 있는 낯선 영성이 들어갈 자리가 없어졌다. 이렇게 형성된 비본질의 형식들이 예배가 지닌 새로움을 앗아간다.

찬양대나 찬양팀에서 불리는 교회음악 작곡가의 작품들과 지휘자들이나 찬양팀 리더들의 선곡 스타일 등도 회중들에게 이미 기존에 형성된 유행 스타일이나 작곡가들이 쓰는 대중적 기호와 함께 혼재되어 있다. 새로울 것이 없는 것들도 자격이 있는 자리에 앉아 있다. 이런 일들은 회중들에게 반응이 있어서 자격을 얻는다. 그 세대가 지닌 사조나 시대에 사는 문화환경에서 피할 수 없는 것들이기도 하다. 그러나 우리는 예배자로 서 있기에 늘 새로운 영성에 서 있어야 한다. 끊임없이 하나님의 시선에서 뒤돌아보고 그 날 그 시점에 교회음악가들과 참여자들과 점검하고 그들의 영을 헤아려 보고 선택하고 추스르고 매 순간 새로움이 주는 신령한 영을 통해 개정해야 한다.

영성은 기존용재의 학습에만 있는 것이 아니라 하나님의 시선, 즉 영의 촉에 있다. 동시에 새로운 것은 지식과 통합에만 있는 것이 아니라 이제 그 기초에 지식과 통합으로 새롭게 피어날 날것의 신선함에 있다. 하나님성은 모든 시간과 현장에 있는 신선함의 샘에서 나온다.

예배는 날것이다. 하나님은 언제나 우리의 기대 이상이다. 우리의 존재도 그렇고 우리의 소망과 믿음과 사랑은 영원하다. 제한이 없이 늘 새롭고 거대하며 하나님은 우리의 상상을 뛰어넘는다.

주님,
우리에게 주님의 그 신비한 날 것을 주옵시고
우리가 이전에 대접받았던 오래된 것들 위에서
언제나 다시 그 이후에서 시작하게 하옵소서.
그리고 다시 새로움에 피어나는 어린아이의 낯선 영을
오늘도 우리의 예배에서 기대하게 하옵소서.

12

척후병 그 영원한 의무

내가 혹시 말하기를

흑암이 반드시 나를 덮고 나를 두른 빛은 밤이 되리라 할지라도

주에게서는 흑암이 숨기지 못하며

밤이 낮과 같이 비추이나니 주에게는 흑암과 빛이 같음이니이다

주께서 내 내장을 지으시며 나의 모태에서 나를 만드셨나이다

내가 주께 감사하오음은 나를 지으심이 심히 기묘하심이라

주께서 하시는 일이 기이함을 내 영혼이 잘 아나이다

내가 은밀한 데서 지음을 받고

땅의 깊은 곳에서 기이하게 지음을 받은 때에

나의 형체가 주의 앞에 숨겨지지 못하였나이다

내 형질이 이루어지기 전에 주의 눈이 보셨으며

나를 위하여 정한 날이 하루도 되기 전에

주의 책에 다 기록이 되었나이다 (시 139:11-16)

다윗은 노래하는 자였다. 그가 하나님을 만난 것은 그의 양치기 현장인 평범한 일상인 광야에 먼저 나타나신 낯선 하나님을 통해서였다. 하

나님이 자신을 찾아온 것은 그분이 다윗에게 찾아가신 것처럼 모든 영혼에게 함께 찾아가시는 분이심을 말하게 하려 한 것임을 알게 하셨다고 한다. 하나님은 노래하는 자들에게 하나님이 어떤 분이신지 모든 영혼에게 어떻게 찾아가시는지를 아시길 원하신다. 하나님은 노래하는 자들에게 의무 하나를 주셨다. 모든 영혼에게 하나님이 다윗에게 보이셨던 그 하나님처럼 함께하시기를 원하신다는 것이다. 이를 알리는 일이 찬양하는 자들에게 맡긴 척후병 역할이다. 이 역할은 다음과 같다.

1. 주께서 나의 모든 것을 안다고 하신다.
   주께서 아신 것을 내가 안다고 고백하게 한다.

2. 두 주체가 서로를 안다 할 때
   먼저 주께서 나를 안다 하신 것은 잘 모르더라도
   그것을 내가 안다 하는 것은 하나님이 함께하심을 알려주는 기적이 일어난 것이다.
   하나님과 자신과 일어난 두 주체의 신비를 배운다.

3. 도대체 주의 마음을 내가 어떻게 안 것인가?
   내가 알 때는 주께서 이미 많은 소통의 통로를 내게 뻗고 계셨다는 사실이다.
   단지 내가 모르고 있었을 뿐, 주께서 나를 위해 살아계셔서 오셨다.

4. 물론 다른 사람에게도 함께 알게 하셨을 게 틀림없다.
   단지 그 통로를 가보지 않아 주의 마음을 모를 뿐, 모르는 자에게 알려주라.

5. 그뿐만 아니라 내가 내 마음 안에 일어난 모든 것을 다 아는 것이
완전하지 않을지라도
그것을 고백한 것은 나 이외의 어떤 작용이 먼저 있었던 것이다.
그리고 그 고백을 통해 완전하지 않았던 부분을 다 볼 수 있는 선물을 주셨다.
모든 의심의 눈이 교정되게 하라.

6. 그러므로 주는 나의 형질이 이루어지기 전부터 나를 보셨으며
이미 내장과 모태를 통해 은밀하고 깊은 곳에서 기이하게 지음을 받았으니
놀라운 자격을 가진 마음으로 살게 하라.

7. 형체가 일어난 시점에는 이미 나의 아름다운 삶의 태동과
그 미래와 축복을 내내 주시기 시작했다.
하나님의 우주적이고 통시적인 너무나 크시고 능력이신 그분을
현재 우리의 마음으로 모시게 하라.

8. 나의 삶은 그렇게 멋지고 풍요롭고
도저히 표현할 수 없는 아름답고 영원한 유산과 연결되어 있다.
우리는 모든 것을 다 가졌다. '내 것이 다 네 것'이라 하셨다.

주님 감사해요.
찬양하는 자에게 이를 알릴 수 있는 의무를 주셨으니
주의 인자를 먼저 선물로 받았음에 감사합니다.
이것이 모든 것임을 알게 되어 기쁩니다.
만 가지 선물을 다 갖고 있다니요.
주의 마음과 능력을 현실에서 봅니다.
이러한 주님을 전달하는 역할을 제게 맡기시다니요.
나의 영혼에 실재하신 주님을 송축합니다.

13

오래될 사랑을 노래함

하나님이 우리를 사랑하시는 사랑을 우리가 알고 믿었노니 하나님은 사랑이시라 사랑 안에 거하는 자는 하나님 안에 거하고 하나님도 그의 안에 거하시느니라… 우리가 사랑함은 그가 먼저 우리를 사랑하셨음이라…우리가 이 계명을 주께 받았나니 하나님을 사랑하는 자는 또한 그 형제를 사랑할지니라 (요일 4:16-21)

우리들의 찬양 대부분은 하나님의 사랑과 그의 자비 그리고 그의 인도하심에 대한 강력한 증거들이다. 찬양의 내용이 신학적인 내용보다는 노래하는 영의 마음을 보다 쉽고 크게 고무시키는, 자신이 경험한 하나님을 시적 언어와 노래로 부를 때 일어난다.

언제든 우리가 우리의 논리와 사고와 영적 한계에도 불구하고 하나님이 하나님이신 것을 쉽게 느끼는 것은 그분이 우리 삶에 찾아오신 걸 알고 있기 때문이다. 오늘 우리의 찬양이 사랑에 관한 것이라면 다소 이야기가 심각하긴 하지만 하나님은 '오래될 사랑'을 선택하라고 권유하셨다는 것을 나누고자 한다.

중국 사람은 실리적이어서 이미 믿음이 깔려 있는, 또는 피붙이들만이 공유하고 있는 의리를 의지한다 한다. 그러니까 중국인들은 친척들을 주로 믿는다. 믿음이 아직 깔리지 않은 이웃들은 잘 믿지 않아 친척보다 이웃이 많지 않은 반면, 인도 사람은 사회에서 만난 이웃들을 믿음이 생길 때까지 관계를 지속하는 돈독한 습관 때문에 태생적으로 만들어진 친척보다 가까이 지내는 이웃이 더 많다고 한다.

인간에게 가장 건강한 생산물이 무엇일까? 성경에 의하면 본시 하나님께서는 인간의 가능성을 믿으신 게 틀림없다. 기다리는 사랑을 하셨다. 때때로 분노와 좌절을 통해 인류 역사상 최초로 깨어진 가정(broken family)의 표본이셨을 만큼 대책 없이 인간을 사랑만 하셨지만 자식(피조물, 백성)에 대한 깊은 자유를 스스로 거두지 못하셨을 만큼 혹독하게 사랑하셨기 때문에 인간을 조정하지 않으시고 참으로 자유롭게 두시고 기다리는 사랑을 하셨다. 그건 인간에 대한 깊은 애정과 신뢰가 없다면 설명할 다른 단초가 없어 보인다.

관계회복은 돈이나 징계나 조정을 통해 회복되는 게 아니다. 철저하게 서로 손해를 경험하지 않고는 회복되지 않는다. 하나님의 손해는 인간에게 주신 사랑을 거의 거두어들이지 못하신다. 이미 사랑을 거두지 못하는 상태로 나아가게 된 상처 난 마음에 계신다. 보고 싶어도 가까이 두지 못한다. 스스로 찾아올 때까지 기다려야 하는 것이다.

지독한 관심과 애정은 그 태생적 환경에서 시작되었다. 주께서 인간에게 만물을 다스리는 권한을 주고 싶으셨고 그들끼리 함께 살 수 있도록 여러 좋은 환경을 주셨으며 그렇지만 가능하면 가까이 두고 싶어 하셨다. 주께서 우리의 속성 중 믿는 구석이 있었던 건 아닐까? 만약 믿는 구석이 있었다면 인간의 속성 중 무엇을 가장 높이 사셨을까?

그것은 믿음이다. 느끼셨겠지만 분명한 건 주께서 우리를 믿으셨다는 것이다. 주께서 우리를 사랑하시면 우리의 마음이 달라질 것을 아신 것이다. 사랑을 주시고 주실 분이 그 사랑의 힘에 의해 사랑을 받은 자는 언젠간 달라질 것을 아시고 계셨다는 것이다. 이는 곧 우리 인간에게 하나님의 인자가 있음을 알고 계셨다는 것이다. 우리가 주님을 믿을 수 있는 요인 중 강력한 원인은 주께서 인간의 좋은 점을 아시고 계셨기 때문이다. 믿음을 그토록 의롭게 여기신 하나님의 의중에 있는 인간을 향한 낙관론을 엿보게 한다. 믿음은 강력한 씨를 가지고 있어서 불완전한 인간에게 하나님의 능력을 공유할 수 있게 하신 것이다.

내 안에 하나님의 인자가 있음을 깨닫는 것은 그의 사랑이 내 안에 역동하고 있음을 알고 나서다. 사랑은 아주 신비한 재료다. 한 영혼을 사랑하면 자신의 생명을 기꺼이 바칠 만하도록 충만하게 한다. 십자가 사건은 하나님이 인간을 향한 이 사랑 사건이다.

인간은 그렇지 않은가? 인간은 자기를 사랑하는 사람에게 좋은 반응을 보인다. 누군가 자신도 모르게 자신에게 관심을 가지고 오랫동안 사랑해왔다면 아주 큰 흥미를 느끼고 그 이유를 알고 싶어 하며, 그 사람이 마음에 들지 않더라도 자신을 사랑했던 그 사실에 전혀 다른 이타성이 작동하고 감동한다.

그런데 하나님이 한 피조물을 사랑하고 계시다면 이 사실은 우주적인 큰 사건으로 확대된다. 삶을 주도적으로 사는 자신만의 세상 원리가 이 사람에게 작동하지 않게 된다. 사랑은 매우 강한 자성을 갖고 있어서 인간이 이를 소홀히 대하지 못하고 적절히 조절하지도 못하고 자신을 계산하지 못한 채 전적으로 올인하게 된다. 사랑 도둑놈은 어떻게 할 방법이 없다고 한 것은 이를 말해준다. 매우 배타적인 감정으로 한 사람을 사랑하게 된다. 그런데 그 사랑은 그 사람에게만 전달되므로 둘만의 관계는 다른 사람이 끼어들 여지가 없어질 만큼 강하고 긴밀하며 죽음으로 자신의 삶을 지조 있게 끌고 간다.

> 사랑은 죽음같이 강하고 질투는 스올같이 잔인하며 불길같이 일어나니 그 기세가 여호와의 불과 같으니라 (아 8:6)

사랑은 매우 특별한 사건으로 말씀하신다. 하나님의 사건이라는 것이다. 그 기세가 거기까지 갈 만큼 강하고 넘친다. 사람이 어떤 정성을 받으면 그 상대방에게는 전천후 혁명적이고 초월적인 좋은 행동을 보인다. 그 행동은 다른 사람을 구하고 주께서 그와 친구가 되고 싶을 만큼 매력 있는 존재가 된다. 인간이 천사들보다 더 높은 경지에 오를 수 있는 참으로 깊은 영성은 사랑받는 존재에서 나온다. 사랑받는 자의 기쁨은 배가 되기 때문이다.

주께서 태생적으로 관계를 갖고 태어나는 친척들의 유대를 주시면서 동시에 함께 사는 다른 이웃들을 사랑하는 방법도 제안해 주셨다. 그들을 똑같이 사랑하지 않으면 그 관계는 제한적으로만 작동한다. 오래된 사랑만이 작동하는 것이다.

우리는 어떻게 이웃들을 친구로 만들 수 있는가? 오래될 사랑을 주는 것이다. 오래될 사랑에는 믿음이 포함되어 있다. 믿음은 그가 그 약속을 지킬 수 있다고 믿은 게 아니라 그가 그 약속을 지킬 수 없다 해도 내 측에서는 그것을 끝까지 지키겠다는 의에서 나온다.

주께서 우리에게 주신 가장 빠르고 아름다운 믿음과 사랑의 방법은 주께서 우리를 자유함과 태생적 손해를 감수하셨던 것처럼 오래 기다리고 일방적으로 사랑을 주면서 그들이 다시 돌아올 것을 믿는 것이었다. 우리가 하나님을 통해 배울 것은 어떤 분을 아내와 남편이나 친구로 두고 싶다면 일방적으로 깊은 신뢰를 바보처럼 가지고 오래 사랑을 주라는 거다. 인간은 자기를 사랑하는 사실을 알게 되면 신이 주신 아주 지독한 사랑의 감성이 상대에게 작동하게 되어 있다.

우리 기독교인들이 생활 속에서 끊임없이 훈련하고 배워야 할 것은 사랑하는 방법이다. 기술이 중요한 게 아니라 사랑의 힘을 믿으라는 것이고 그 건강한 투자를 믿으라는 말이다. 늘 그렇지만 사랑할 힘을 달라고 기도해야 하고 그 사랑을 어느 누구에게든지 시도해야 한다. 그 사람이 더 이상 내게 기대할 것이 없다고 나를 업신여기더라도 내가 그를 일방적으로 좋아하고픈 마음을 유지하는데 하나님께서 은총을 베푸시면 그의 마음은 언제든 하나님의 마음인 사랑과 신뢰(믿음)로 보답한다. 보답이 없어도 그 사랑은 영원하다. 상황에 속한, 주고받는 것의 양을 따지는 사랑이 아니기 때문이다. 사람들은 반드시 '평범하지 않은, 오래 될 사랑'을 금방 알아챈다.

이 원리를 잘 적용하면 하나님을 사랑할 수 있다. 이를 믿음이라 한다. 하나님이 나를 사랑하심을 알게 되면서 하나님의 천하가 내게 옮겨 와 나의 사랑 아래 둘 수 있는 것이다. 주께서 나를 신뢰하셨다니 이 얼마나 놀라운 비밀인가? 그리고 얼마나 감사한가? 이보다 더 넘치는 기쁨이 어디 있겠는가?

아직 하나님을 다 믿을 수 있는 힘이 없거나 이해할 수 없는 자들은 먼저 하나님을 무모하게 믿고 사랑해 보라고 권해본다. 하나님은 결코 반응이 없으신 분이 아니시고 그보다 몇만 배 상상할 수 없는 선물로 반응하신다. 그런데 주의할 것은 진심으로 그렇게 해야 한다는 것이다.

기다리는 사랑의 한계에 대해서 언급을 해야겠다.

예수께서 가라사대 내가 곧 길이요 진리요 생명이니 나로 말미암지 않고는 아버지께로 올 자가 없느니라 (요 14:6)

예수께서 외쳐 가라사대 나를 믿는 자는 나를 믿는 것이 아니요 나를 보내신 이를 믿는 것이며 나를 보는 자는 나를 보내신 이를 보는 것이니라 나는 빛으로 세상에 왔나니 무릇 나를 믿는 자로 어두움에 거하지 않게 하려 함이로라 (요 12:44-46)

나를 따르지 않는 종교는 다 헛되니 빛과 어두움은 함께 공유할 수 없는 것이라는 것이다. 주께서 굳이 '나를 믿는 자에게만'이라는 단서를 붙이신 것을 어떻게 받아들여야 할까? 나를 계속해서 기다리게만 하는 자에게는 더 이상 줄 수 없다고 단호하게 선을 그은 것이다. 이 말씀에는 참는 것도 한계는 있다는 말씀이 되면서 동시에 내가 주는 사랑은 추상적인 게 아니라 구체적인 접촉의 범주 안에서 작동하고 있다는 말이 된다.

세상에서 착하게 살고 도 닦으며 보다 신천지 같은 넓은 경지에 살면 좋은 것이라고 생각하는 다원주의 종교적 해석이 여기에서부터 함께 가지 못하고 벗어난다. 복음은 그래서 영지주의와 다르고 초자연주의와 다르고 포스트모더니즘과 뉴에이지와 유물론과 다르며 차원 높은 인위적인 이상주의적이고 아르카디안적인 분위기를 내는 명상주의 종교와 다르다.

찬양도 음악적 분위기만 띄우는 찬양은 찬양이 아니다. 찬양의 언어와 추구하는 영이 구체적이지 않으면 음악과 초절적인 모드만 추구하게 된다. 찬양하는 자들에게 이러한 이들이 많이 있다는 것을 아는가? 자기의 음악적 해석만이 찬양의 전부인 것을 추구하거나 창법과 스타일과 음악재료의 구성만으로 자신의 감성적 해석학으로 다 채워놓은 음악가형 교회음악가는 아주 많다.

구체적인 사랑의 표증들이 드러나는 가사와 증험 있는 것과 이 사랑의 말씀과 선포가 구체적으로 들어가 있어야 하는 것이다.

아! 해 아래 모든 것이 다 내 것이니 주가 나의 하나님이시고 그는 나를 구체적으로 사랑하고 계신다. 이 세상에서 가장 오래된 현시된 사랑의 표본이시다. 이를 아는 자가 참을 수 없이 부르는 노래가 찬양이다. 찬양은 하나님 사랑의 촉수 경험 없이 부를 수 없다. 만약 찬양이 긴밀한 사랑의 흔적이 없는 추상적인 거라면 모든 찬양은 프로파간다(선전물)일 뿐이다. 스탈린 찬양은 촉수 경험을 일으키지 못한다. 감정과 사상을 고취시킬 수는 있다. 하지만 마음의 자유함으로 전 생애를 그를 위해 살게 하지는 못한다. 하나님은 너무나 거룩하고 또한 구체적인 감정이시기에 호흡으로 영으로 현재에 우리의 감정에서도 생영으로 살아게 신다.

그렇게 찬양은 주신 이의 생영으로 실재하는 하나님을 노래하는 것이다. 찬양은 그래서 눈을 드는 생명의 의식이요 우리 안에 실재하는 빛을 구체적으로 말과 감정으로 그리고 인간이 지닌 가장 아름다운 방법인 찬양으로 하나님을 사랑하고 신뢰하여 순종하는(올려드리는) 것이다.

주님,
우리가 가진 것 중 가장 아름다운 주의 형상을 보게 하옵소서.
그 안에 숨겨져 있는 사랑의 인자와 무모한 믿음을 일으켜 세우소서.
우리가 그 안에 진심과 충성으로 주를 찬양할 수 있기에 그렇습니다.

14

균형을 잃은 찬양대

우사인 볼트를 아는가? 그는 우리가 알고 있는 인간이 할 수 있는 9.6초대를 깬 유일한 사람이다. 9.58 세계 신기록 보유자로 수많은 우승 메달과 승리를 장식한다. 심지어 그의 적수가 없어 더 이상 그의 신기록은 뉴스가 아니라고 한다. 적수가 없으니 은퇴하겠다고 하며 몇 번이고 은퇴와 복귀를 번복하기도 했다. 그런데 그의 조국 자메이카를 온 세상에 알린 이 달리기 선수에게는 치명적인 척추측만증이 있다는 사실을 아는가?

1000명 중의 1명이 태어날 때부터 측만증을 앓는다고 한다. 그는 큰 키도 문제였지만 지난 2005년 세계 선수권 대회에선 연습누적으로 척추에 문제가 생겨 가장 빨리 달려야 할 그라운드에서 걸어 들어오는 수모를 겪었다. 측만증은 골반의 균형을 흐트러뜨려 놓는다. 그 때문에 2005년 이후 3년 동안 선수 생활을 중지하고 오직 골반 척추를 강화시켜주는 코어 훈련을 했다. 그리고 2008년 이후 지금까지 전 세계의 100m 주자들의 왕으로 군림했다. 그는 부상을 극복하자 그의 약점은 강점이 되었다. 더욱이 그의 큰 키는 보폭을 크게 하여 긴 다리(94cm)를 최대한 활용하는 '롱 스트라이드(긴 보폭)' 주법을 구사하게 되었다. 최대한 보폭을 벌려 일반 세계선수들이 44걸음으로 피니쉬 라인에 가는 데 비해 볼트는 41걸음에 주파한다. 가장 빠를 때의 보폭은 평균 2.5m나 된다.

그의 척추 불균형은 균형이 있는 일반 선수들과는 다른 주법을 창안해 내고 있다. 볼트의 오른쪽 다리가 지면을 디딜 때 나오는 최대 파워(1080파운드)가 왼쪽 다리(955파운드)보다 13% 강하고, 다리가 지면에 머무는 시간은 왼쪽이 오른쪽보다 14% 길다고 한다. 좌우가 다른 비대칭이란 분석이다. 이는 척추측만증을 극복하고 신체의 균형을 유지하기 위해서인 것으로 풀이된다. 볼트는 척추측만증 탓에 오른쪽 다리가 왼쪽 다리보다 0.5인치(1.27cm)가량 짧다. 이 같은 사실은 이상적인 것으로 알려진 일반적인 코치들이 가르치는 균형 자세인 대칭주법으로 자세를 교정하면 볼트의 몸은 비대칭이기에 더 빨라지기보다 느려질 가능성이 있다. 전문가들은 볼트가 몸의 균형을 위해 주법을 바꾼다면 나쁜 결과를 얻을 것이라 예상한다. 비대칭이란 대칭의 비주류가 아니라 건너편에 있는 것이다. 건너편에 있다는 것은 진영주의의 산물일 수 있다는 것이다.

찬양대는 성별의 균형, 나이의 균형이 깨지기도 한다. 소프라노는 20명인데 테너와 베이스는 합쳐서 4명인 경우도 있고 찬양대원이 70대가 대부분을 차지하는 찬양대도 있다. 미국의 작은 교회는 대부분 그렇다. 교인들도 거의 노인들이 되어간다. 젊은이들이 교회에 오지 않기 때문이다.

우리나라도 이제 서서히 나이의 균형, 성별의 균형을 잃은 찬양대를 만나고 있다. 물론 젊은이들이 없는 것이 아니지만 찬양팀에 비해 찬양대에 그리 큰 흥미를 느끼지 않아서 찬양대의 나이가 많은 교회도 있다.

이유야 여러 가지가 있겠지만 대부분 골고루 성장을 못 한 결과이거나 시대의 산물 또는 시대적 유행 때문일 수도 있고 교회 경영자들이 찬양에 그리 큰 비중을 두지 않아 비중 있는 예산을 찬양대에 사용하지 않는 경우에 생긴 일일 수 있다. 미국 교회에 있는 한 교회는 성도가 200명 정도일 뿐인데 지휘자 연봉이 21만 불(2억 3천만 원)이나 되고, 찬양대원에게 매달 $700을 지급하는 교회도 보았다. 뛰어난 지휘자를 놓치지 않겠다는 생각이 기본이지만 지휘자의 감독방식을 존중한다. (물론 찬양대원 총 30명 중 6명을 제외하곤 24명 전원이 다 전공자들이다) 오르가니스트와 지휘자에게 최고의 대우를 하는 이유는 찬양이 곧 예배라는 것을 아는 이들이기 때문이다. 하지만 모든 찬양대를 여기에 비교할 수는 없다. 이 교회는 찬양대 하나를 유지하기 위해 각종 기금을 모금하고, 매주 수요일 일반인들을 위한 점심 연주로 교회에 초대하고, 한 달에 한 번 음악회를 열고 합창 마니아들을 교회로 초대해 티켓 수입을 잡는다. 전문 찬양대 하나를 유지하기 위해 성도들 중 한 명이 자신의 유산 중 일부를 기부하는 등, 그만큼 풍성하고 세련된 찬양이 주는 예배의 기쁨을 누렸던 오랜 성도들이 마지막까지 지키고 싶은 곳이 찬양대이다. 이건 매우 특별한 전통 교회의 한 모습이긴 하다.

모든 교회가 이런 예산을 사용하지는 않지만 예배에서 찬양은 설교보다 더 깊은 영을 담을 수 있다는 것을 아는 자들이 마지막까지 마음을 드린 이런 모습 역시 균형을 잃은 찬양대의 모습이다. 물론 교회 재직회 전체의 의견으로 이 찬양대는 오늘도 세계적인 찬양대로 살아남았다.

미국은 아마추어건 전문성악가건 찬양대를 하려고 마음먹는 자들 중에 악보를 읽지 못하는 사람은 없다. 우리나라의 경우는 악보를 읽을 줄 아는 자들이 아니어도 아무나 들어온다. 더 가관인 것은 찬양대로 30년을 지냈다는 사람이 아직도 악보를 읽을 줄 모르고 엉뚱한 음정을 내는 등 방해하는 것에 지휘자가 한마디 해도 전혀 양심의 가책(?)이 없다. 많은 찬양대원이 악보를 못 읽으면서 찬양대를 해왔으며 이런 무책임 또한 균형을 잃게 하는 것은 마찬가지일 것이다. 우리나라는 좋은 지휘자든 그렇지 않든 파트 연습을 해야 한다. 대부분 봉숭아 학당처럼 학교에서 나머지 공부가 필요한 학생들만 찬양대에 온 것이지만 그들은 봉숭아 학당이라고 생각하지 않는다. 다수가 악보를 못 읽으니 정규 연습시간에 파트 연습이 진행되어도 원래 그렇게 해야 한다고 알고 있다. 더구나 짧은 시간 안에 음을 익히게 하려고 지휘자들은 소리 내어 연습도 대신 해준다. 그리고 주중 연습을 하자고 하면 반대한다. 곡의 수준을 높일 수가 없다. 무책임의 극치인 것 또한 균형을 잃은 것이다. 악보를 못 읽는 다수의 찬양대원이 주중 연습시간을 3시간 30분 이하로 하자고 의견을 낼 때 지휘자는 심각한 고민에 빠지지만 이들에게도 삶의 아픔과 이유가 있다.

그러나 우리가 이렇게 균형을 잃은 찬양대라고 해서 예배에 주도적인 선두에 서야 하는 걸 포기할 수는 없다. 균형을 잃은 것이 오히려 강점이 될 수는 없을까?

어떤 사람들은 찬양이 자동연습의 결과라고 보기도 한다. 찬양을 오랫동안 연습하면 그냥 어떤 경지에 자동으로 가 있을 수 있다고 보는 리허설 지상주의자들이다. 나는 그렇게 생각하지 않는다. 물론 많은 연습은 새로운 경지를 볼 수 있게 한다. 하지만 연습이 많다고 해서 좋은 결과를 얻는 건 아니다. 다음 몇 가지는 연습보다 어떤 곡을 찬양하는가가 더 중요하다. 선곡과 다른 아이디어가 더 중요하다는 것을 알려준다.

선곡

균형을 잃은 찬양대일수록 지휘자는 보다 효과적인 곡을 선택하는 데 더 노력과 시간을 투자해야 한다. 쉽고 효과적이고 마음을 휘돌게 하는 찬양을 선곡하는 것이다.

선곡은 매우 중요하다. 선곡이야말로 오늘 여러분이 최고의 지휘자가 되는 데 피할 수 없는 꼭 필요하고 적합한 작업이다. 지휘자가 찬양대를 위해 준비할 수 있는 주어진 시간이 10시간이라면 나는 그중의 8시간은 선곡을 위해 사용하라고 감히 추천한다.

선곡을 고르는 심미안을 갖춘 재능은 그 어떤 재능보다 더 중요하다. 좋은 곡은 지휘자의 능력보다 더 큰 영적 보석을 지니고 있어서 바보 같은 지휘자가 지휘하고 균형을 잃은 찬양대가 노래한다고 해도 회중들 모두에게 쉬 감동이 되어 예배의 흐름에 빠르게 교통하는 곡이다. 일 년 중 수없이 많은 선곡을 하지만 이런 곡은 생각보다 그리 많지 않다. 내가 선곡한 곡 중 이런 곡들은 몇 년 동안 여러 번 다시 불러도 찬양대원들과 회중들을 만족시킨다. 특별히 찬양출판사들은 이런 곡을 골라 지휘자에게 추천하는 능력이 있어야 한다. 다음 몇 곡은 그런 곡이다.

1) 하나님의 솜씨 (김선하 곡. 중상 수준. 리듬 · 셈여림 어려움)

2) 나 집에 왔으니 (Joseph Martin 곡. 보통 수준. 흐름이 좋음. 너무 처지지 않도록 해야 함)

3) 십자가 없는 영광 없네 (Joseph Martin 곡. 중상 수준. 가사와 악곡 탁월)

4) 시편 8편 (이기경 곡. 중상 수준. 한국적 선율과 화성이 절묘)

5) 참 좋으신 주님 (김기영 곡. 보통 수준)

6) 주는 우리의 피난처 (Allen Pote 곡. 중상 수준)

7) 오 주여 정결케 하소서 (John Carter 곡)

8) 시편 20편 (Eugene Butler 곡)

9) 목자의 노래 (Alfred H. Johnson 곡)

10) 참 목자 (권영선 곡)

11) 전능하신 주 하나님 (Ron Man 곡)

리허설 테크닉

균형을 잃은 찬양대에서 소리와 기술과 하모니와 리듬과 마음을 모은다는 것은 쉬운 일이 아니다. 하지만 너무나 많은 것을 가지고 있는 충실한 찬양대라도 그들이 가진 재능과 소리를 다 표현하지 않고 제한하는 일은 허다하게 발견된다. 많은 이들이 시간을 들여 수고한 찬양은 그저 지나가는 CD 소리처럼 들리기도 한다. 그러므로 균형을 잃은 찬양대라도 그 장점을 살리려 할 때 아주 작은 장점들이 사장되지 않고 드러낼 기회를 얻을 수 있다.

보통 많은 지휘자들이 리허설 테크닉을 배우려고 시간을 들인다. 하지만 그렇게 긴 시간을 리허설에 사용하면서도 정작 자신이 어떻게 리허설을 이끌고 갈 것인지를 계획하고 연구하는 시간은 지극히 적거나 아예 하지 않는다. 주어진 연습을 오직 쉴 새 없이 가르치고 떠들어야 하는 연습 일정이 그저 상식적으로 드러나는 문제들만 고쳐야 하는 것이 아니다. 연습 계획을 세밀하게 준비하면 할수록 시간도 절약하고 대원들도 집중력이 높아져 재미를 느낀다. 마음을 모으면 아주 적은 인원과 균형을 잃은 찬양대라 할지라도 할 수 있는 것이 많다. 더구나 적은 인원은 한 명 한 명의 영적 집중력을 매우 높일 수 있는 조건이다.

예를 들어, 주일 오전 1시간 오후 2시간 연습이 주어졌다면 오전 1시간 계획표를 짜보자.

● 준비물 점검(지휘자)
1. 기도문 작성
2. 가사 외우기 도표
3. 당일 찬양에 대한 묵상의 글
4. 리허설 계획표
5. 당일 찬양곡 중 2개 정도를 볼 수 있도록 연습시간 1시간 30분 전에 동영상을 링크하여 찬양대원들의 SNS로 보냄(때때로 임원이나 부지휘 또는 반주자, 부반주자가 할 수 있다)
6. 당일 찬양에 대한 묵상 때 가사에 중요한 표현과 의미를 메모해 감

● 준비물 점검(반주자)
1. 손을 풀고 당일 찬양곡 리허설
2. 당일 찬양곡의 가사를 음미하고 전주를 어떻게 시작할 것인지 마음에 정하고 묵상하고 기도함
3. 다음 5주 차 찬양곡 리허설

● 준비물 점검(찬양대원)
1. 지휘자가 보낸 동영상을 보고 자기 파트를 한번 불러보며 연습함

2. 오늘 찬양에 대하여 기도하고 묵상
3. 예배를 준비하고 일찍 찬양대 연습실에 도착하여 기도

※ 지휘자 준비물 (찬양곡 〈너희는 서로 사랑하라〉의 경우)

1. 기도문

주님,
우리에게 주의 계획이 있음을 감사합니다.
주님의 계획에 비해 우리는 적게 감동하고 적게 행동하고 조용히 살려 해왔음을 회개합니다.
주께서 생명 주심으로 인해 아직 이 땅에서 주의 일을 해야 함을 다시 한번 상기하고 자각하며 배웁니다.
주님, 주께서 먼저 우리를 사랑하기로 마음먹었음을 배우게 하옵소서. 순종으로 인하여 모든 것을 나보다 남을 낫게 여기고 이웃의 부족함을 보는 게 아니라 내 안에 순종하는 마음 먼저 확인하게 하옵소서. 참 사랑으로 우리의 모든 것을 알게 하옵소서.
오직 성령으로 서로 사랑하라 하신 주의 마음을 삶에서 살아내게 하옵소서.
우리의 마음이 오늘의 찬양 '너희는 서로 사랑하라' 하신 말씀 따라 살게 하옵소서.
예수님 존귀하신 이름으로 기도합니다.

2. 외우기 도해

〈너희는 서로 사랑하라(Let Us Love One Another)〉

못갖춘마디 4마디 간주 + 1절 남성 + 2절 여성(뒷부분 합창) + 후렴 + 1절 + 후렴 +

3절 + 후렴 + 영원토록 거하시리 +

간주 +

1절 남성(7박 1쉼) + 2절 여성 합창(3박) + 후렴(3박 + 1마디 간주) + 1절(6박, 34박 알토) + 후렴(6박)8박부터 16분음표 + 3절(6박) + 후렴(6박) + 영원토록 거하시리(7박)

1. (남성) 사랑하는 자들아 서로 사랑하라 사랑은 하나님께 속한 것이니 사랑하는 자마다 하나님의 자녀라 하나님은 사랑이시라	2. (여성) 독생자를 세상에 보내주심은 우리를 살리려 하심이라 (합창) 하나님이 우리를 너무도 사랑하사 화목제로 보내셨도다
(후렴) 너희는 서로 사랑하라 주 우릴 사랑하심같이 우리가 서로서로 사랑하면 주님 우리 안에 거하시리로다 우리 안에(3절 후렴 추가, 영원토록 거하시리)	3. 사랑하는 자들아 하나님의 성령이 이처럼 우릴 사랑하셨으니 우리 서로 사랑하면 주가 우리 안에 계셔 나도 주 안에 영원히 거하리라

3. 찬양에 대한 묵상의 글

사랑은 순종입니다. 순종의 열매가 사랑이고요. 순종은 복종이 아니라 기꺼이 손해 볼 줄 알면서 부족한 이에게 신뢰를 주는 자발적 자기제한입니다.

두 가지 원형이 있습니다.

하나는, 이미 선악과 사건을 통해 비판의 눈과 악의 본성이 스며든 인간에게 다른 인간의 부족한 면과 그의 악을 치밀하게 볼 수 있는 눈을 가지고 있는 이들이 있습니다. 그리고 그 뒤에 서로의 악을 대적시키는 본성을 악의 원조인 사탄이 가지고 응원하고 있습니다.

다른 하나는, 하나님은 선도 모르고 악도 모르는, 단지 선악과를 따먹지 말라고 하면 따먹지 않으려 하는 순종을 지닌 자들입니다. 선은 알고 악은 모르는 바보를 원하신 게 아니라 선도 모르고 악도 알 필요가 없이 순종이 모든 것임을 알려주신 것이지요. 하나님의 사랑이 전혀 거리낌 없이 전적으로 사랑으로 순환되지요.

사랑의 덕성은 중요하지 않아요. 사랑할 줄 알면 됩니다. 사랑은 자발적으로 손해 보는 것을 자신이 결정합니다. 그 안에 선함이 비교를 이기는 것이지요.

사랑한다는 건 그의 부족함에도 불구하고 받아들인다는 것이지요. 저는 너무나 많은 사람으로부터 사랑받았습니다. 그들이 먼저 저를 사랑하기로 받아들였어요. 그분들 때문에 오늘 제가 여기 있습니다. 사실은 우리 모두 그들이 먼저 우리를 사랑하신 분들 때문에 여기 있는 것 아닌가요? 우리는 모두 사랑에 빚진 자들입니다.

주님, 주께서 먼저 우리를 사랑하기로 마음먹었음을 배우게 하옵소서. 순종으로 인하여 모든 것을 나보다 남을 낫게 여기고 이웃의 부족함을 보는 게 아니라 내 안에 순종하는 마음 먼저 확인하게 하옵소서. 참사랑으로 우리의 모든 것을 알게 하옵소서.

4. 리허설 계획표

차례	제목	시간배분		준비물	지도자	비고
1	반주자와 지휘 맞춤	-5	-20	악보	반주자, 지휘자	함께 기도
2	찬양대실 준비	-15′	-5	보면대, CD	지휘자, 팀장, 총무, 부총무, 서기	외우기, 준비물, 파트연습실 준비
3	임원 모임 및 기도	5	0	공지사항 점검	팀장	미리 준비하게 함
4	찬양대 말씀 나눔	5′	5′	프린트물 1	지휘자	말씀 제목
5	몸 풀기 및 체조와 발성	5′	10′		총무	
6	가사 읽고 묵상, 외우기	10′	20′	프린트물 2	지휘자	
7	부분 연습	10′	30′		지휘자	
8	나눔 연습: 남성(테너, 베이스), 여성(소프라노, 알토) 나누어서 당일 및 다음 주 곡 듀엣 연습	15′	45′		지휘, 부지휘 반주, 부반주자	
9	전체 연습	5′	50′	기도문 낭송	지휘자	
10	공지사항	5′	55′		총무	
	기도	5′	60′		목사	

주중에 찬양 가사와 기타 동영상이 있거나 예배에 필요한 MD 등 필요한 것이 있을 경우에 월요일이나 화요일 이전까지 미리 미디어팀에 보내야 하고 만약 주중에 변경 내용이 있을 경우를 계산해 미리 월요일에 점검한 뒤 보내고 찬양 가사는 반드시 지휘자가 최종적으로 한 번 더 점검하고 보내야 한다.

1 - 반주자와 지휘 맞춤

반주자와 지휘자는 항상 곡에 대해 생각하고 일주일 동안 묵상한 것을 음악적으로 표현하는 것뿐 아니라 전체적인 흐름과 느낌 등에 대해 소통하는 시간이다. 반주자가 일찍 오는 것을 힘들어할 경우는 찬양대실 준비가 끝나고 임원회의 중간에 해도 좋다. 하지만 임원들이 오는 시간이 되면 서로 인사하고 얘기 나누기 바빠 둘만의 묵상을 교환하기 힘들다.

2 - 찬양대실 준비

찬양대실 준비는 에어컨디셔너, 전등, 환기, 의자와 보면대 놓기, 음향기기 TV 및 전자기기들과 판서를 위한 칠판이나 메모판을 점검한다. 가장 중요한 것은 악보 담당 임원이 이 시간에 와서 필기도구(스티커, 하이라이트 펜 포함) 등과 당일 곡과 그다음 5곡과 새로운 대원을 위한 여분의 파일 5개(송영곡과 당일 주일 곡이 꽂혀 있어야 함), 그리고 당일 프린트물을 복사하여 미리 준비해 순서대로 테이블에 올려놓아야 한다. 모든 임원들이 함께하면 좋지만 먼저 오는 대원들과 함께하면 서로 격려가 된다.

3 - 임원 모임 및 기도

임원들이 오면 소모임 방에 들어가 한 명이 올 때마다 정숙함이 요구되도록 오는 사람 순서대로 의자에 앉게 해야 늦게 오는 것을 미안해하고 이 시간을 소중히 할 수 있다. 최소한 시간을 엄숙히 지키도록 해야 주일 일정이 순조롭다. 팀장과 총무가 도착하였다면 공지사항을 확인하고 약속된 시간이 되었으면 짧은 묵상문을 읽고 기도하고 공지사항을 점검한 후 연습실로 간다.

4 - 찬양대 말씀 나눔

약속된 연습시간 정시가 되면 바로 지휘자가 작은 예배를 시작한다. 길지 않아야 하고 가능한 한 짧고 무게가 있는 묵상거리와 예제를 준비해야 효과가 있으며 의미도 깊어지고 이 시간이 꼭 필요한 시간으로 여기게 된다. 지휘자가 헌신의 묵상 시간을 열기가 어렵더라도 가능한 지휘자가 하는 게 좋지만 만약 전혀 불가능한 일이라면 지휘자는 장기적으로 찬양대 지휘자로 있기보다는 일반 합창 지휘자로 있는 게 낫다. 교회음악을 공부한 지휘자가 비록 음악적으로 서툴더라도 예배는 전문 교회음악가가 해야 한다. 물론 지휘자 중 신앙심과 성경적 경험이 풍부한 음악가들도 있다. 우리나라는 지휘자를 선정할 때도 신심보다는 재능 있고 센스 있고 준수하고 유명한 자를 더 선호하는 경향이 있다. 다 세상과 비슷해져서 그렇다. 얘기가 딴 데로 빠졌지만 지휘자는 찬양에 임하는 전적인 해석의 주체여야 하고 이를 찬양자들인 대원들과 깊이 교감할 의무가 있다.

5 - 몸 풀기 및 체조와 발성

이때부터 대원들이 즐거운 교제 시간이 되도록 분위기를 만든다. 너무 지나치게 떠들지 않도록 종용하고 시범을 보일 분 2명이 나와 코치하면서 즐겁게 인사하도록 인사문을 건네고 응창하도록 하면 좋다 예들 들어, '당신은 노래하는 나의 귀한 천사입니다'라고 하면 그 대답을 받는 상대방은 '당신은 나의 노래에 응답하는 나의 귀한 천사입니다'라고 응창하게 한다. 좋은 글귀를 만들어 서로에게 칭찬하고 격려하여 영적 일체를 이루는 느낌을 나누도록 한다. 하지만 발성을 하기는 조금 짧은 시간이다. 발성은 그 날 분위기와 대원들의 상태에 따라 시간을 배분한다.

6 - 가사 읽고 묵상, 외우기

체조가 끝나면 곧 오늘 찬양 가사를 읽는 연습을 한다. 체조를 끝낼 때 의자에 바로 앉지 말고 외우기 프린트물(때로는 크게 매직펜에 써서 앞 칠판에 붙인다)을 나누어 준 뒤 하체와 상체를 제자리걸음이라도 조금씩 움직이면서 찬양 가사를 퍼포먼스 하듯이 낭독하게 한다. (중요한 핵심 단어를 잘 씹어서 뱉는 것을 아울러 시도) 그리고 자리에 앉게 한 다음 오늘 찬양에 대한 묵상의 글을 읽는다. 지루하지 않도록 핵심적인 것을 드러내는 것이 초점이다.

7 - 부분 연습

당일 찬양곡은 이미 완성되어 있어야 한다. 곡을 시작하기 전에 미리 첨가된 프레이징이나 고쳐야 할 가사가 있는지 중요한 것을 미리 고지하고 처음 연습은 끊지 않고 끝까지 해본다. 두 번째부터는 5단계로 나눈다. (1) 가장 심각하게 고쳐야 할 부분 (2) 가사와 프레이징에 불일치가 일어나는 지점의 흐름 교정 (3) 톤에 대한 교정 (4) 강력한 대비와 부드럽고 강함의 비례감 교정 (5) 외우기.

이 시간이 그리 길지 않아야 한다. 부분 연습을 했으면 그다음엔 끊지 않고 한 묶음으로 가능한 끝까지 불러보도록 한다. 교정의 순서를 심각한 실수에서 프레이징 톤, 대비 톤 외우기로 진행한다.

가사와 노래가 노래하는 자의 가슴에 장착되어가는 모든 과정에 의미를 부여하기 위해서는 곡의 흐름이나 음악적인 전개가 아닌 말씀의 초점으로 이야기를 풀어가야 한다. 그래야 영적 합의에 자연스럽게 동의하고 노래가 아니라 찬양에 감격하게 된다.

8 - 나눔 연습

찬양대실에 여분의 방이 있다면, 나누어서 연습하면 연습을 배로 할 수 있다. 이때, 남성(테너, 베이스), 여성(소프라노, 알토)으로 나누어서 당일 및 다음 주 곡의 미진한 부분을 연습하게 한다. 이 시간에는 부지휘자와 부반주자가 있어야 하며 전공한 자가 있을 경우 우선 배정하고, 전공자가 없다면 악보를 잘 읽고 발성의 제반 지식을 전달할 수 있는 사람으로 선정한다. 지휘자의 부재 시 부지휘자를 세울 수 있도록 평상시에도 연습 지휘를 시킬 수 있고 귀한 협력을 통해 섬김을 함께 배울 수 있다.

때때로 이 시간에 소프라노와 베이스, 알토와 테너를 묶어서 연습할 수도 있고, 찬양대원이 45명이고 소프라노가 15명, 알토가 10명, 테너가 7명, 베이스가 13명일 경우 각 파트별 적정 수를 배분해 소프라노 8명 + 알토 5명 + 테너 4명 + 베이스 4명 등 반분해서 작은 합창단 2개로 나누어 연습해보는 것도 서로의 소리를 듣고 하모니를 경험하는 아주 좋은 환경이 된다. 제일 연습 효과가 있는 것은 따로 독립적으로 파트 연습을 할 수 있는 네 파트지만, 방의 여분이 없다면 두 파트가 제일 좋고 화음을 듣는 훈련이 함께 진행되기에 효과가 있다. 동성끼리 할 때보다 효과가 높다. 이때 부지휘자와 부반주자에게 미리 연습과정에 대한 팁을 줄 필요가 있으며 이를 위해 지휘자는 연습 팁에 관한 메모를 가지고 다녀야 한다. 순서는 오늘 찬양을 간단히 하고 다음 주 곡 위주로 한다.

나눔 찬양대원이 10명 이하거나 15~20명이라면 가능한 한 둥글게 원을 만들어 각자의 소리를 모두가 듣게 하고 하모니를 직접 느끼게 하는 것이 오히려 이보다 많은 찬양대원들이 연습하는 것보다 효과가 있다.

9 - 전체 연습

이제 마지막 전체 연습 시간이 되었다. 시작하기 전에 지난 나눔 연습 결과가 잘되었는지 돌아볼 필요가 있으며 부지휘자들에게 연습이 어땠는지 확인하고 난 뒤 전체 연습은 당일 곡만 한다. 이때는 모두가 일어나서 부르고 무대에 직접 서는 위치로 이동해야 하며 앞뒤의 사람과 특별히 블렌딩에 익숙해져야 한다. 특히 솔로가 있거나 내레이션이 있을 경우 이때 담당자의 마이크와 그 위치를 미리 알려주어야 한다. 가능하면 예배 전 무대에 한번 서 보는 것이 좋지만 상황이 불가능하다면 토요일이나 또는 오후 연습 때 다음 주 곡의 음향감을 현장에서 경험할 필요가 있다.

시간이 남는다면 다음 주 곡을 할 수 있지만 예배 시간이 가까워져 올수록 당일 곡과 가사와 묵상에 몰입할 수 있게 되도록 당일 곡에서 그쳐야 좋다.

10 - 공지사항

이 시간이 길지 않게 해야 한다. 만약 공지사항이 길면 나눔 연습 전에 하는 게 좋다. 전체 연습이 끝나고 가능하면 바로 기도와 연결하는 것이 좋다.

이렇게 균형을 잃은 찬양대에 마음을 모으고 시스템을 갖추기 시작하면 잃었던 찬양대원이 돌아오기도 하고 정성스럽게 마음을 모은 찬양으로 인해 새 성도가 자리를 채우기 시작한다. 무엇보다 가장 마음을 모으면 대원 한 명 한 명이 자기 일처럼 찬양하는 일에 신명을 낸다는 것이다. 안 믿는 친구를 데려와 그 자리를 채우기도 한다.

균형을 잃은 찬양대의 가장 일반적인 불균형은 성비이다. 여성이 많고 남성이 적다. 이때 세 가지 선택을 해야 한다.

성부 짜기

1. 테너와 알토가 같은 성부를 노래하게 하고 소프라노와 베이스를 중심으로, 3성부로 하는 방법이다.
2. 소프라노와 알토 2성부로 일단 쉬운 찬양곡을 선택한 뒤, 3성부를 부분적으로 나누어 편곡하여 테너 몇 명을 훈련시켜 중음을 내게 한다.
3. 단순 멜로디를 부르게 한다. 회중찬양과 같다. 이렇게 하면 매우 힘 있고 적극적인 가사 중심 찬양을 할 수 있다. 단 송영은 2성부 이상이어야 한다.

무대배치

대부분 찬양대는 성비에 상관없이 여성을 앞에 세우고 맨 뒷줄에 남성을 액세서리처럼 한 줄에 세우는데 이는 소리의 균형을 적나라하게 방해한다. 남성을 적극적으로 무대 가운데 세우는 방법이 해결책 중 하나다. 소프라노와 알토를 중간에 세로로 나누어 양쪽에 배치한 뒤 남성 테너를 앞쪽에 베이스를 뒤쪽에 두는 방법이다.

나이가 많은 찬양대

나이가 많은 찬양대원의 특징은 소리가 작고 울림이 알차지 않아 무슨 곡을 불러도 효과가 없어 보인다는 것이다. 하지만 이들은 왕년에 하모니와 밸런스를 가진 좋은 곡들을 불러본 경험이 있는 분들이다. 그 때문에 이들은, 단선율로 부르라고 하면 자신의 처지를 잘 모르는 탓에 별로 좋아하지 않는다. 하지만 나이 많은 찬양대원들에게 단선율 하나로 변화를 주는 방법은 결코 적지 않다. 단선율을 부르면 우선 부르는 이들이 자신이 있어 점점 전체 힘이 좋아지고 알차며 곡의 흐름을 쉬 잡을 수 있다. 지휘자가 주도권을 잡고 이들의 힘을 이용해 세고 여린 것과 가사가 지닌 힘, 다양한 균형감으로 변화를 줄 수 있다. 항상 하모니가 중요한 것은 아니다. 리듬과 힘과 가사를 표현하는 것이야말로 가장 오래된 노래의 정석이다.

주님,
우리에게 좋은 시절을 만나 주님 찬양하는 좋은 교회 많이 주심을 감사합니다.
혹여 우리의 찬양이 균형을 잃었을 지라도 마음을 모으게 하시고 그 마음에서 여전히 회중들과 주님과 기쁨과 찬송을 나눌 수 있게 하옵소서.

15

전심의 찬양

찬양은 전심으로 부르짖고 응답을 기다리는 순례자

여호와여 내가 전심으로 부르짖었사오니

내게 응답하소서 내가 주의 교훈들을 지키리이다

내가 주께 부르짖었사오니 나를 구원하소서

내가 주의 증거들을 지키리이다

내가 날이 밝기 전에 부르짖으며 주의 말씀을 바랐사오며

주의 말씀을 조용히 읊조리려고

내가 새벽녘에 눈을 떴나이다 (시 119:143-148)

내가 주의 말씀으로 한 하루의 생명을 온 힘으로 삽니다.

말씀이 지닌 힘을 전부 내게 주옵소서.

내가 삶으로 살아내겠습니다.

주님은 나의 온 생명입니다.

응답하시면 교훈들과 진리를 지키겠습니다.

노래가 지니고 있는 메시지와 율과 감성의 힘이 있다.
말씀의 의와 반복과 아름다움이다.
찬양은 세 가지가 함께 녹아있다.

메시지는,
'여호와여 부르짖습니다.
응답하소서,
내가 주의 증거들을 삶에서 살겠습니다.
날마다 주를 부르짖고 말씀을 바라고 외우려고
새벽에 눈을 뜨고 주를 기다렸습니다.' 이고

율은, 이미 한국어로 옮겨서 달라졌지만
짧은 대구의 간명한 리듬으로 메시지의 힘을 일으킨다.

이 시인은 작품을 쓰고 있는 것이지만
또한 스스로 작은 영혼을 설득하여
머리를 조아리고 주를 간절히 찾으려고
응답을 기다리고 있으며
온 감성을 모아 공동체를 향해
자신이 만난 하나님을 향해 있다.

이 모두가 예배다.
찬양은 동시적인 자기 예언적 예배이다.
찬양은 소망하고 감히 갈망하여

하나님의 의로움이 자신을 단련시켜
높디높은 하나님의 움직임을 처절히 사모하고 응시하는
하나님의 마음 자체에 머무르려 한다.

그러므로 찬양은 하나님의 말씀의 실현이요
구체적 실천의 발현 속도요
전적인 전환을 예기한 약속의 마음이다.

세상의 많은 이들이 노래하는 자신을 높이지만
찬양하는 이들은 자신을 높이는 하나님을 높인다.

주님,
모든 것을 내놓고 주를 노래합니다.
나의 모든 것으로 주를 노래합니다.

주님, 이 모두가 나를 변화시키기를 원합니다.
이 땅에서 아무것도 아닌 것을 위해서는 작은 발걸음 하나 떼지 않겠습니다.
오직 주의 나라를 바라고 목 놓아 부르짖습니다.
이것이 우리가 주를 찬양하는 소박한 첫걸음입니다.

완전한 변화, 끝없는 움직임이 있는 영원한 것을 위해
주의 나라에 나의 생명이 있기를

나의 영혼이 주님의 것을 노래합니다.

내가 전심으로 주를 의지합니다.
나를 받아주옵소서.
나의 노래에 주님의 나라가 임하옵소서.

16

의로운 것을 향한 눈물

그들이 주의 법을 지키지 아니하므로
내 눈물이 시냇물 같이 흐르나이다
여호와여 주는 의로우시고 주의 판단은 옳으니이다
주께서 명령하신 증거들은 의롭고 지극히 성실하니이다 (시 119:136-138)

찬양을 드리는 자가 지닌 정감(sentiment)이 있다.
말씀을 받은 이가 지닌 각성이 있다 .
지극히 선한 것에 대한 깨달음과 아름다운 감격이다.
지극히 의로운 것에 대한 판단과 아름다운 감격이다.
지극히 옳은 것에 대한 당위와 아름다운 감격이다.
지극히 성실함에 대한 두려움(삼가)과 아름다운 감격이다.

이 모두가 찬양에 내어준 주의 선물이다. 아름다움은 하나님의 경지에서 함께 나누는 별난 양식이다.
무엇보다 주를 앙망하면서 이런 일이 서서히 마음에 색이 지어져 주의 마음으로 마음밭이 맑아진다.

찬양은 이렇게 마음밭이 아름다워져 하늘색으로 어우러지는 것이다.
그 아름다움의 터는 말씀이요 선한 것이요 의로운 것이며 옳은 것이며 성실함이다.
이 모두가 의로움에 대한 눈물이다.

의롭다 함은 완전한 것이기에 의로운 게 아니다.
불완전한 자가 완전한 자를 믿고 따를 때 일어나는 순종이다.
모든 사람은 자기 생각에 춤을 춘다.
지극히 작은 의견조차 남의 생각을 믿고 따르지 않는다.
완전한 자의 실체가 분명이 있다고 느끼는 자는 자기 의견이 별로 중요하지 않다.
그의 의견이 언제나 불완전에서 헤매고 있다는 것을 알기 때문이다.
의로움은 자신 위에 완전한 자가 행하라는 순종의 길에 자신을 맡길 때 일어난다.
찬양은 이런 마음의 태도에서 일어난다.

주님,
나의 찬양이 주의 발아래서 주의 얼굴을 향해 나아가게 하옵소서.
주의 의로움을 뵐 수 있게 하옵소서.
주의 나라를 신뢰합니다.
제가 그 길에 서 있습니다.
나의 찬양을 받아주옵소서.

17

입김

찬양자의 마음 준비

그러나 깨닫고 보니, 사람에게 슬기를 주는 것은 사람 안에 있는 영 곧 전능하신 분의 입김이라는 것을 알았습니다. (욥 32:8)

어릴 때 집에 손님이 오신다고 하면 설레었다. 누구신지 어떻게 생기셨는지 무엇을 가지고 오실지 그리고 그분이 오심으로 우리 꼬마들의 형편이 뭐가 달라지는지 등 오시는 분을 기대하는 마음이 참으로 한없이 궁금하고 두근거렸다. 어릴 때는 매일이 특별할 것이 없이 심심하기도 했으니까 말이다.

오늘날 우리 찬양자들은 주일에 무엇을 기대하고 두근거리는가? 위 욥의 고백에 의하면 자신의 전 존재를 있게 하신 존재에 대한 영적 통찰을 함축해서 '입김'이라고 표현하고 있다.

하나님의 최초의 행위는 입김에서 시작했다. 모든 살아있는 것들의 시작지점은 하나님의 입 그곳에서 나오는 입김에서 시작했다. 입김이라는 말은 생영과 같은 어원에서 왔다. 생영(Breath of Life)은 말 그대로 숨을 쉬지 않으면 죽는 것이듯이 살아있는 건 모두 숨을 쉬는 자이고 이는 모두 동일한 생명 행동을 한다. 그가 살아있도록 한 것은 기계적 작동을 하게 하는 원인이 어떤 존재의(영) 신비에서 비롯되었다는 뜻이다. 생명이 기계장치가 아니듯이 생영은 어떤 유전인자가 아니다.

생영은 하늘의 신비이다. 생영은 우리를 살아있게 하고 무한한 생각과 새로운 것을 창조해 내는 원인이다. 살아있음은 또한 큰 힘으로 함께 사는 자들을 격려하기도 한다. 그저 살아있는 것만으로도 위안이 되는 분이 있다. 그가 주신 입김뿐 아니라 그분이 우리의 현실 속에서 생명행동하시는 것을 목격하는 우리의 생영의 해우는 참으로 오묘하다. 우리는 그 신비를 아무렇지 않게 그렇게 믿는 자들이다.

입김이 있는 행위를 히브리어로, 르아흐라고 한다. 흐는 강하게 발음한다. 끝에 있는 이 '흐'는 후두를 확대하고 아래 배에서(복식호흡) 외치듯이 크게 '크'로 발음해야 할 만큼 강한 후음이 나와 쏟아내듯 터지는 소리이다. 히브리말이 강한 후음과 관련 있는 발음들은 대부분 생명과 거룩함과 전능자의 행위와 관련 있을 때 나타난다. 예를 들어 성령(코데쉬)도 그렇다.

한국 발음으로 '입김'을 발표하면 후음에서 된 소리를 내어 쏟아내듯이 '이푸-킴'처럼 하는 것이다. 하지만 우리는 그렇게 하지 않는다. 특별히 한국인들은 히브리인들이나 서구인들에 비해 말의 선포가 지닌 엄정성을 심각하게 생각하지 않는다. 무슨 일인지는 모르나 말을 쉽게 하고 말에 많은 욕이 들어가 있는가 하면 어설픈 농담도 대수롭지 않게 여긴다. 미국에서 욕을 하며 싸우는 일은 흔하지 않고 이런 싸움은 총을 들고 서로를 향해 죽음을 동반한 심각한 사건으로 쉽게 비약한다. 서구인들이 말을 죽고 사는 것과 같은 입장에서 보는 데 비해 한국인들은 말을 쉽게 배설하는 것을 본다.

　조선의 선각자들은 말에 얼이 있다 하여 말을 경히 하는 것을 좋지 않은 것으로 여겨 묵음과 행실과 생각을 하나로 보았다. 하지만 근세에 들어 실용적인 사상이 들어와 그랬는지 상놈 문화가 양반 문화로 흡수되면서 말이 지닌 실용적 해소용으로 전체 이동하고 오히려 더 많이 발전한 감이 없지 않아 아쉽다.

　일반인들은 호흡에 생영이 있다고 여기지 않기에 입김으로 소리를 입술에서 막고 더 이상 그 생명현상을 터뜨리지 않는다. 찬양자가 생명의 원인이 하나님으로부터 비롯되었다고 여긴다면 깊은 호흡으로 터지듯 외쳐야 한다.

　영어로 성우를 보이스 액터(Voice Actor)라고 한다. 소리로 연기한다는 의미이다. 소리를 입에서 낼 때 기능적인 능력을 지닌 기술자들을 뜻한다. 이를 찬양하는 자들에게 적용하면, 찬양하는 자들은 입김에서 나오는 소리를 생영으로 노래할 수 있는 자들이어야 한다. 여기서 소리의 연기적 요소를 뜻하는 기술적인 의미를 말하는 게 아니라 연기적 요소 안에 어떤 특별한 기운이 있음을 믿고 이를 현재의 긴박한 시공간에서 모든 존재들 앞에 자신이 믿고 경험한 하나님의 기운을 가져와 나타내야 한다는 뜻이다.

　실제로 히브리 사람들은 제사와 예배 때 하나님의 말씀을 생영의 기운이 밖으로 나타나도록 표현했다. 이렇게 하는 자들을 칸토(노래하는 자)라 불렀다. 살아있는 전능하신 존재가 말로 하고 음성으로 할 때 그것이 지닌 파워가 현장에 나타나도록 발음했다. 이는 찬양이 하나님과 동시적인 영적 행위인 것을 알 수 있다. 말씀이 곧 영인 것은 그 말씀이 살아 있어 기운을 펼치기 때문이다. 말씀이 피창조자에게 다가갈 때 행동을 일으킨다. 하나님은 외양적으로 창조하실 때 말씀으로 그의 영을 내뱉어 그 창조물을 지으셨던 것처럼 모든 생영들에게 하나님을 흉내 내도록(내면화하도록) 하셨다.

최근 4월에 한국을 방문하니 일렁이는 잔가지 틈새로 새순들이 돋는다. 필자도 40여 년간 한국에서 살다가 미국 서부로 옮겼는데 여태 모르고 있던 생경한 광경이다. 미 서부는 겨울이 그리 혹독하지 않아 새순들의 거대한 여린 녹색 풍광을 볼 수 없다. 한국에서 이 광경은 내게 큰 충격이다. 나무 한 그루 한 그루의 생명 시계가 이토록 동시적으로 하루 이틀 만에 똑같이 발현하다니, 엊그제까지 시꺼먼 죽은 나무처럼 있었다는데 어느새 생명의 살아남(살림)이 온 들녘에 퍼져있다. 거대한 생명 활동의 축제다.

생명들의 순은 참으로 은근하고 아름답다. 겨우내 죽어있는 것 같았던 검고 메마른 가지에서 드디어 땅의 물기를 올려 솟아난 한없이 고아한 여린 녹색 순색을 본다. 순과 꽃은 바람과 햇살 앞에서 그의 생영을 통해 온갖 색조와 순진함과 아름다움을 피워낸다.

자연은 모두 그들의 생영을 본연의 처연한 외양으로 자신을 나타낸다. 인간은 피창조자의 순과 꽃이다. 그들은 하나님처럼 생영과 슬기를 가졌다. 하나님과 가장 비슷한 존재이다. 순과 꽃들이 자신의 온몸으로 생영을 통해 그의 아름다움을 피워내듯이 인간에게 온몸의 생영을 통해 토해내는 순과 꽃 같은 영을 처음부터 갖고 있었다. 그러나 우리는 자신이 영적 존재인지를 잊고 배설행위의 습관 때문에 말을 함부로 내뱉듯이 동물의 본능에 산다. 영을 가진 자의 가장 지고한 송축 행위는 찬양하는 것이다. 찬양할 때 순과 꽃처럼 그렇게 순연하게 그의 영이 오래전에 있었던 하나님의 형상을 통해 피어나야 한다.

그러니까 인간들이 그들의 생영으로 하나님을 찬양할 때 창조자의 입김이 일어나는 것처럼 영이 발현하여 동조를 일으켜야 한다는 뜻이다. 이런 동조가 찬양하는 현장에서 무슨 해괴한 이야기인가 마치 비약처럼 느껴질지 모르겠지만 찬양 현장에서 평생 살아온 필자의 경험에 의하면 우리의 찬양능력과 처지와 한계에도 불구하고 알 수 없는 이 놀라운 동조현상들을 수없이 만났다.

이런 경험에 의하면 찬양자의 전제조건은 그들의 영을 하나님이 혼돈과 어둠 앞에서 그의 영이 수면 위에 운행한 것처럼 찬양하는 자의 마음밭에 형용할 수 없는 하나님의 영이 충만해져 있어야 한다는 것이다. 능력자이신 하나님은 충만해지셔 계시지만 인간은 그 충만을 받는 존재이다. 찬양은 그 충만이 창조자로부터 오시도록 순연하게 자신의 전 존재의 문을 열고 무릎 꿇리는 행위이다.

찬양은 자기가 하고자 하는 느낌대로 마음껏 배설하는 것이 아니라 없었던 생영이 들어와 생명을 순산하는 것이다. 없었던 배에서 아이가 태동하고 드디어 산달이 다 되어 태어난다. 찬양의 행위란 없는 것을 생기도록 자신의 영을 비우는 것이다. 자신의 능력으로 선언하는 행위가 아니다. 아주 연기를 잘하는 자는 그 배역을 가장 잘 재현하도록 자신은 죽이고 제3의 성격을 표현해 내는 것인데 마치 자신이 그 배역인 것처럼 행동하는 것은 그 배역에 대한 배신이다.

나귀를 타고 예루살렘에 입성하는 예수님께 사람들이 호산나 하고 환호한다. 그러나 그 환호가 나귀가 자신에게 칭송하는 줄 알고 으쓱하는 것처럼 이상한 짓이다. 목에 힘이 들어간 가수들과 뮤지컬 배우를 보면 우스꽝스럽다. 감정 몰입만이 다인 줄 아는 것은 자기 생각 자기 느낌인 행동의 목적만 생각해서 그렇다. 주인공이 살아있게 행동하는 것은 그 자신이 주인공처럼 행동하는 것 이상의 비움이 필요하다.

오늘날 찬양하는 자들과 설교자들이 무대 앞에서 회중에게 퍼포먼스로 보여지면서 회중이 환호하는 게 그들 뒤에 계신 하나님이신 것을 모르고 자신들의 영성, 표현기술, 칭송능력으로 착각한다. 그들은 찬양해놓고(생영을 일으킨 것이 아니라) 그들의 대체행위인 찬양기술력을 의도한 자신을 스스로 높인다. 찬양리더나 지휘자나 찬양자가 여기에 빠지면 생영의 주관자이신 하나님을 자신 밖에 두는 행위이다. 다 우상이다. 요즈음 이런 리더가 진행하는 예배가 참 많이 일어나고 있다.

유럽과 미국에 갈수록 비어가는 회중 속에 여전히 자신을 과시하고 있는 예전 중심의 교회들이 있다. 그들 회중은 어디 가고 아직도 많은 전문 찬양자들과 설교가들이 남아있다는 것을 기억하자. 회중은 어디 가고 주재자들만 남았다. 주재자들은 용케도 살아남았다고 말할 수 있을까? 그들은 그들 뒤에 하나님을 보여드리지 못하고 기술력만 자랑한 것이다. 회중은 그들이 더 이상 하나님이 현장에 계시지 않자 떠난 것이다.

우리는 말씀과 찬양이 몹시 세련된 현대 교회에 살고 있다. 시골이나 작은 교회에 뛰어난 지휘자와 찬양자와 설교자는 많지 않다. 그들 뛰어난 기술자를 고용할 예산도 없다. 하지만 대형교회는 명망 있는 설교가와 대학교수들이 지휘, 설교무대 자리를 차지한 지 오래되었다. 요즈음은 심지어 중급 교회나 중급 찬양대조차 유학을 다녀온 설교가, 지휘자들이 무대의 다수를 차지하고 있다.

어느새 우리들에게서 하나님과 접촉하는 영이 깊은 설교, 찬양은 설 자리를 잃고 하나님 아닌 사람과 접촉하는, 더 많이 배우고 기술력이 뛰어나고 인간 소통을 잘하는 센스 있는 설교자, 찬양자들이 대접받고 있다. 말씀의 영과 찬양의 영보다 사람이 중요한 시대에 살고 있다. 입을 잘 놀리는 행위에 생영이 없으면 그 후에 사탄의 짓으로 쉬 변하는 것을 성경은 지적하고 증명한다.

하나냐와 예레미야는 본질적으로 다른 사람이다. 물론 처음엔 하나냐도 주의 말씀을 대언하는 자였다. 하지만 하나님은 그 당시 가장 잘나가던 스피커였던, 도시의 유능한 하나냐의 입을 사용하지 않고 입이 둔한 무식쟁이 뽕나무 농사꾼을 들어 쓰셨다. 하나님의 방법은 사람의 기호와 많이 다르신가 보다. 신실하신 하나님이 당신의 백성들을 멸하실 거라고 생각하지 않는 다수 인간들의 기호를 의식한 센스쟁이 하나냐는 결국 바벨론 앞에서 멸절당했다. 예레미야는 단지 인간들의 기호를 의식한 센스쟁이가 아니었다. 그는 하나님의 생영이 하는 대로 그대로 전하고 그 현장에서 자신의 메신저 역할에 그쳤다.

찬양은 그 역할을 해내는 것이다. 오늘 여러분이 적용할 것은 세 가지이다.

1) 찬양자는 생영을 노래하는 자다. 하나님으로부터 전해 받은 생영을 찾아가는 묵상의 삶이 전제되어야 한다. 생영으로 노래하는 자는 언제나 자신의 무능력을 인정하고 하늘 아래 무릎 꿇는다. 찬양자는 찬양

하는 시간 하루 전부터 몸과 마음을 구별하여 말과 행동과 생각을 예비해야 한다. 특히 주일 예배 시작 전 최소 2시간 전부터는 예배 모드에 자신의 몸과 마음을 채찍질하여 영을 준비한다. 교회에 오자마자 작업을 시작하지 말고 더구나 행정적인 일과 기술적인 일들은 토요일 이전에 끝내 놓아야 한다. 많은 사람들과 안부를 묻는 자세한 인사는 환우들이 아니라면 가능한 예배 후에 하라. 예배에 정말 하나님이 오신다면 예배 전에 일어나는 이 모든 일은 다 불필요한 일이다. 마이크 작업 때문에, 마지막 음정을 맞추지 못한 것보다 더 중요한 것은 함께 예배하는 자의 자세로 전환되었는지 서로 점검하는 것이다.

2) 찬양에 기름부음을 기도하는 자다. 가사에 놓인 말씀을 깊이 있게 공부하고 원전의 앞뒤 문맥과 묵상을 통해 하나님의 마음이 어디로 향해 있는지 정리해 놓는다. 그리고 그 마음과 그 행위의 감정인 선율과 화성과 리듬이 무엇을 지향해야 할지 정교하게 계획하고 준비한다. 하지만 언제고 마지막 순간에 아직 다 깨닫지 못한 새로움의 영을 위해 여전히 마음을 열어 놓고 그 위에 생영을 올려놓아야 하기에 맨 위에는 비워두어야 한다. 이렇게 요란스럽게 점검하고 주의력을 높이는 일은 마치 전쟁과 같다. 이렇게 할 때 생영은 주님이 적시에 놓아주실 것이다. 생영을 기대하지 않는 찬양은 언제나 인간의 행위로 배설될 뿐이다. 사람의 행위로 그치고 만다. 그냥 예배를 치른 것이고 지난주에 했던 작업을 그대로 했을 뿐인, 지나가는 시간에 그저 지나간 것에 불과하다.

3) 찬양은 일종의 선포적 낭송어감이 일어나도록 멀리 던져야 한다. 이는 호흡이 목에 걸리거나 자기발현적인, 보이스코드를 울려서 내는

발성(헤테로)을 쓰기도 하지만 가장 기초가 되고 마무리를 이루는 것은 깊은 호흡을 동반하여 멀리 보내는 발성(폴리포니)을 사용하여 배음적 어울림이 되어야 한다. 특히 우리나라 사람들은 탁성이 지닌 버럭 하는 에너지를 쉽게 사용하고 얼굴 전면의 공명을 중시하는 청이 맑고 화려한 톤을 추구하는 전통이 있다. 때때로 이런 발성은 에너지를 내고 음색을 밝게 하고 힘 있게 하여 화사한 느낌과 에너지를 불러일으키기도 하지만 깊고 서정적이며 유려한 투명성 침묵의 톤을 방해하기도 한다. 기술적으로는 두 가지를 다 사용할 수 있어야 하지만 후자의 톤은 훈련하지 않으면 나지 않는다.

영어로 release라는 단어가 있다. 풀어주는 것, 놓는 것을 뜻한다. 소리의 배합이 이루어지는 공간에 저간의 혼합과정에서 풀어지는 여운으로 기본 톤을 정하고 그 위에 에너지와 컬러를 가미해야 한다. 이 release 창법은 유럽의 지붕이 높은 교회 전통에서 비롯되었다. 자연스럽게 성당 안의 공간과 어우러지게 한 것이다. 이 소리의 주체는 보이스 코드(헤테로 톤컬러)가 아니라 호흡이 주인이 된다. 사람의 소리를 파이프 오르간과 같은 톤으로 생각한다. 보이스 코드의 음색을 항상 호흡 뒤에 서게 한다. 이런 발성의 중심 생각은 찬양의 주체가 하늘임을 드러낸다. 그 풀어진 소리가 추구하는 바탕은 자신이 주체가 아니라 이 찬양을 주께서 끌어가실 거라고 생각하는 것이다.

4) (지휘자 적용) 지휘자는 선곡할 때 이미 90%의 성공과 실패를 이미 결정한 것이다. 바보 같은 지휘자가 지휘하고 노래를 아주 못하는 찬양대라 할지라도 감동 있는 곡은 그들의 부족함을 상회한다. 하지만 좋

은 곡이라도 작사 자체가 귀에 들어오지 않는 곡은 주의해야 한다. 작사자와 작곡가와 깊은 소통의 영을 경험해야 한다. 뛰어난 시인들과 작사가들은 시적 음조(포에틱 디션)을 늘 염두에 둔다. 좋은 가사는 발현지점에서부터 영이 살아난다. 가사가 자신의 주관적 고백에 지나치게 빠지거나 설명조의 자기감정에서 헤어 나오지 못한 것은 예배 찬양에서는 배제해야 한다.(찬양팀에서는 가능할 수 있다) 그뿐만 아니라 가사에 가장 적절한 선율선과 영감은 세련된 작, 편곡 능력에 있는 것만이 아닌 아주 촌스럽더라도 짧은 영감적 프레이즈에서 영적 동일시가 일어난다. 쉽고 유용한 선곡과 이 영감적 프레이즈를 함께 찾아내는 경험이 중요하다.

특별히 선곡할 때 출판사가 지휘자들이 시간이 없는 것을 배려하여 만든 CD나 임시로 소수의 인원으로 성부별로 더빙하여 기계적 효과음만 웹에 올려놓은 녹음실 합창으로 음악을 평가하지 말라는 것이다. 녹음실 음악 중에 솔로 파트는 시적 음조가 그런대로 들을 수 있어 괜찮지만 합창은 시적 음조가 나타나지 않아 아주 생경하다. 실제로 성가곡을 찬양할 때와 CD로 들을 때와 전혀 다른 음악이 많다. 대체로 녹음실 합창은 그 날 녹음실 지휘자와 전문 녹음 성악가들의 기술적 처리와 음향 편집에 의해 전혀 다른 톤으로 변환해 만들어지기에 사운드 뒤에 들려야 할 자연스러운 시적 톤이 나타나지 않고 자연스러운 하모니와 영이 없다. 좋은 선곡자라면 들리지 않는 시적 톤과 사운드와 영을 자기가 만들 수 있겠다고 예상할 수는 있지만 녹음음악으로만 선곡하지 말라는 것이다.

조금 다른 이야기 하나는, 선곡을 하고 싶은데 좋은 작곡가·작사가를 만나지 못하는 찬양곡 시장에 관심을 갖고 돌아봐야 한다. 많은 작곡가들이 있고 매년 적지 않은 작곡과 졸업생들이 사회로 나오며 교회음악에 관심을 가지고 있으나, 그들의 생계를 도울 마땅한 시장이 없다. 지휘자들이 어설픈 곡이라도 일정한 비율을 정해 새 작곡가들의 곡을 교회에서 돈을 주고 지속적으로 사용할 필요가 있다. 이들이 계속해서 교회음악을 작곡하려고 마음먹을 시장이 있다는 것은 큰 도움이 된다.

교회에서 지휘자들이 악보 선정을 할 때 출판사의 책만이 아니라 작곡가들의 개인 피스를 돈 주고 살 수 있는 방법이 있다. 서로 가까운 지휘자들끼리 5명 정도가 한 달에 한 번씩 한 작곡가의 곡을 써주는 것이다. 미국의 교회음악 피스당 가격은(7페이지에서 15페이지) $1.60-$2.25 정도 한다. 우리 돈으로 피스당 2000원 정도면 적당하다. 하지만 예산이 적은 교회를 생각해서 1인당 천 원 정도를 교회가 부담한다면 40명 찬양대원인 교회는 한 달에 4만 원 정도의 채택료를 산정해 각 5개의 교회에서 돌아가며 연주하면 20만 원의 선곡비가 작곡가에게 주어진다. 작곡가는 5명의 지휘자와 찬양대원들로부터 작곡에 대한 피드백을 받게 되고 한 곡을 쓰면 20만 원이 생기게 된다면 그 작곡가 한 명은 5명의 지휘자의 스폰서를 받고 평생 한 달에 한 곡은 쓸 수 있는 환경이 된다. 작곡가 선정은 5명이 정하면 될 것이고 최소한 3년은 유지되어야 한 작곡가가 교회음악에 익숙해질 수 있는 시간이다. 3년이 지나면 그 작곡가는 출판사가 지원할 만한 실력을 갖추게 될 것이니 이제 다른 새내기 작곡가를 지원할 수 있다. 이렇게 마음이 맞는 지휘자 5명은 무모한 희생을 하는 영성으로 하나님의 나라를 확장하는 것이라 믿는다. 아직도 한국 교회음악 출판사들은 대부분의 곡을 미국의 영향력 있는 작곡가의 곡을 한국말로 번역하여 싣고 있다. 그리고 이렇게 말한다. 한국에 실력 있는 작곡가가 많지 않다고… 출판사는 이익을 내지 않으면 도산한다. 출판사를 살려야 하기에 그들은 실력 없는 작곡가를 쓸 수 없다. 하지만 지휘자들은 아직 실력 없는 작곡가를 위대한 교회음악가로 키울 수 있다. 결국 출판사를 돕는 것이고 실력 있는 교회음악 작곡가들이 많아질 것이다.

5) (출판 선곡자 적용) 선곡자는 선곡할 때 가사와 작곡을 함께 창작하는 곡을 배제할 필요가 있다. 주로 가사와 작곡을 함께하는 작곡가들은 작사에 그리 큰 비중을 두지 않는다. 심지어 선율을 먼저 구상하고 가사를 맞추는 작곡가도 있다. 작곡가들은 편곡 구성 능력이 매우 뛰어난데도 음악의 파워가 가사 때문에 일어나지 않는 것을 알아채지 못한다. 이런 일은 종종 매우 어색하고 흉내만 내며 부조화를 일으킨다. 찬양이 다 끝났는데 가사의 파워가 받쳐주지 못한다. 오늘날 생산자(작곡가)가 많지 않아 이제는 노래하는 가사를 짓는 작사가 역시 일이 많지 않으니 작곡가와 작사가가 서로를 잘 못 만나고 있는 것도 한 이유이지만, 작곡가가 자기가 작사한 곡으로 전부를 자신의 지적 재산으로 만들고 싶어 하는 오만이 문제다. 이런 곡들을 구별하려면 말씀을 읽어내는 큐레이터 안목을 가진 음악과 신학을 전공한 직원 고용을 고려해 볼 수 있다. 그러나 무엇보다 더 중요한 것은 준비된 작사자와 작곡가가 계속해서 찬양곡을 만들 수 있도록 일관성 있는 지원과 성원이 필요하다. 출판사나 공급자(디스트리뷰터)는 찬양곡 시장에 선교사적 사업으로 작사가와 작곡가들에게 접근해야 한다고 믿는다.

6) (작곡가 적용) 작곡자는 작곡할 때 좋은 작사자를 선택하는 데 보다 큰 비중을 두어야 한다. 말씀 자체의 파워가 엄청나기 때문이다. 말씀 뒤에 영이 있음을 알면 쉽게 이해할 수 있다. 곡은 그저 옷에 불과하다. 그 옷을 입고 있는 몸, 가사를 먼저 숨 쉬게 해야 한다. 만약 찬양 작곡가가 작시를 하고자 한다면 시인이 치른 고난과 언어적 훈련과 전문적인 신학을 공부한 이들만큼 높은 수련과 성경 읽기와 말씀공부를 할 필요가 있다. 오늘날 자작시로 작곡하는 매우 유명한 미국 작곡가들은 깊은 신앙고백에 이르는 아름다운 가사 작사능력과 높은 신학적 자질을 갖추고 있다. 이들은 가사를 손수 작사하는데 신학적 체계와 놀라운 고백들을 함께 담아낸다. 만약 작곡자 자신이 말씀과 고백의 언어적 재능이 부족하다고 여겨지면 말씀을 주기적으로 반복해서 긴 시간을 정해놓고 읽다가 선택해보라. 주께서 도우실 것이다. 작사와 작곡을 둘 다 잘하는 작곡가는 서로 다른 작사가 작곡가가 작곡한 곡보다 훨씬 영적 동일시가 높이 일어나는 것을 본다. 가사를 향한 높은 집중력으로 작곡한 흐름을 보여주기 때문이다.

주님,
나의 노래가 호흡이 생영이 되어 주의 살아계심이 나타나게 하옵소서.
찬양과 말씀이 노래가 되는 가사의 능력이 일어나도록 말씀 묵상이 깊어지게 하옵소서.
무엇보다 하나님 마음의 영을 부를 수 있는 찬양자 되게 하옵소서.

18

종의 자아상

그는 근본 하나님의 본체시나 하나님과 동등됨을 취할 것으로 여기지 아니하시고 오히려 자기를 비워 종의 형체를 가지사 사람들과 같이 되셨고 사람의 모양으로 나타나사 자기를 낮추시고 죽기까지 복종하셨으니 (빌 2:6-8)

종은 주인을 섬긴다.
종은 주인을 결코 앞서지 아니한다.
언제나 주인에게 집중한다.
자신의 모든 시간은 주인을 위해 존재하며 주인을 위해 사용한다. 자고 일어나고 식사하고 일하고 심부름하는 이 모두가 주인의 삶과 생각에 의해 결정된다. 하루 중에 재미난 일이 있어도 주인이 찾을 만한 시간에 언제나 되돌아와 대기한다. 그러므로 주인의 일거수일투족의 실제에 산다. 하루 일이 끝났다 싶어도 주인이 그 날 밤 무슨 먹을 것을 찾으러 나오실 줄 모르니 밤에도 주인을 예비하여 주인의 방 한쪽에 대기하며 선잠을 잔다. 그리고 주인의 다음 일에 대비하기 위해 주인이 찾지 않은 시간 동안에는 충실히 자고 쉰다.

언제나 주인에 대한 신뢰를 스스로 품고 즐거워하며 산다. 주인은 자신의 존재를 품은 최초의 사람이자 최후의 사람이라고 생각한다. 종은 자신의 소유에 대해 어떠한 권한과 소유의식도 없다. 자신의 존재는 주인에 의해 결정되기에 자신의 육체적 소유 권한이 없다고 생각한다. 자신의 현재의 삶이나 미래나 자기실현을 자기 것으로 생각하지 않는다. 자신의 모든 지식과 건실함과 능력과 행복과 꿈과 이상도 다 주인 아래에 둔다. 주인이 곧 자신의 전부이기 때문이다. 그렇다고 주인에 의해 자신의 가치가 높아지는 오만을 범하지는 않는다. 그 오만으로 인해 자기가 높아지면 주인을 섬기기 어려우며 자신의 가치도 낮아진다고 여긴다. 재산도 가치도 신분도 높고 낮음을 말하는 모든 평가와 명예도 오직 주인을 섬김에서만 찾는다. 그 모든 것은 주인이 다 결정하실 것이라 생각한다. 모두 자기의 것은 없다고 생각하고 자기 것보다 높고 귀하고 많은 주인의 마음에 산다. 그저 주인 밑에 사는 삶으로도 자기 삶의 최상의 것을 누리고 있다고 생각한다.

종은 언제나 주인의 생각으로 산다.
주인의 관심에 대해 늘 집중한다.
주인이 무엇을 원하고 무엇을 위해 관심을 가지는지 생각하고 돕는다. 주인이 만약 어떤 분과 긴밀한 밀약을 하려 한다면 그 일에 긴급성을 자기의 준비 조건에서 가장 우선순위에 두며 이에 몰두한다. 마치 이 일이 자기 일인 것처럼 생각하고 염원하고 기도하며 그 일이 잘되지 않을 경우를 가상해서 주변과 상황에 대해 정황을 파악하고 준비하며 마음을 쏟는다. 주인이 만약 자신을 희생하고자 한다면 종은 그의 희생과 맞먹는 희생을 자신에게도 요구한다. 당연한 얘기지만 종은 언제나 주인의 실수에 대비하고 그의 실수를 최소한으로 줄이려 준비한다.

종은 최선의 훈련을 한다.
돌이켜 자신의 모든 존재 목적을 주인의 삶을 위해 둔다.
종은 그래서 늘 자신을 채찍질하고 일상적인 종들이 지닌 게으르고 눈치로 적당히 대하는 습관에 빠지지 않기 위해 늘 긴장하고 그 긴장 가운데 선 종의 자아상을 세우며 이로부터 나오는 자신의 정신적 균형을 잃지 않으며 주인을 판단하거나 주인을 소홀히 대하거나 자신을 향한 주인의 사소한 실수를 마음에 담지 않는다. 결국 주인의 모든 것을 삶의 중심에 두고 사랑하며 건강하게 충성한다.

> 찬송하리로다 하나님 곧 우리 주 예수 그리스도의 아버지께서 그리스도 안에서 하늘에 속한 모든 신령한 복을 우리에게 주시되 곧 창세 전에 그리스도 안에서 우리를 택하사 우리로 사랑 안에서 그 앞에 거룩하고 흠이 없게 하시려고 그 기쁘신 뜻대로 우리를 예정하사 예수 그리스도로 말미암아 자기의 아들들이 되게 하셨으니 (엡 1:3-5)

종과 주인의 사랑
종의 건실한 섬김 때문에, 종이 질 좋은 삶에 목적을 둔 것이 아님을 아는 주인은 종을 사랑한다. 종은 그저 그 역할을 충실히 하기만을 바라듯이 주인은 그의 충실함과 함께 산다. 아주 작은 일을 성실히 이루려 하는 종의 마음과 늘 동조한다.
주인은 처음부터 그의 종이 '종의 마음'에 이를 때까지 그의 종 됨을 통해 주실 주인의 모든 재산과 능력과 영광을 종을 위해 준비하신다.

내가 이것을 너희에게 이름은 내 기쁨이 너희 안에 있어 너희 기쁨을 충만하게 하려 함이라 내 계명은 곧 내가 너희를 사랑한 것 같이 너희도 서로 사랑하라 하는 이것이니라 사람이 친구를 위하여 자기 목숨을 버리면 이보다 더 큰 사랑이 없나니 너희는 내가 명하는 대로 행하면 곧 나의 친구라 이제부터는 너희를 종이라 하지 아니하리니 종은 주인이 하는 것을 알지 못함이라 너희를 친구라 하였노니 내가 내 아버지께 들은 것을 다 너희에게 알게 하였음이라 (요 15:11-15)

주인과 친구
종은 주인이 처음부터 종의 마음을 통해 존재하셨다는 것을
최후에 안다.
주인은 온통 종을 사랑하고 계셨다.
주인은 종에게 자녀의 권한을 주신다.
종은 주인의 아들이 되고
또한 주인은 종의 친구가 된다.

이 신비를 노래하는 자 복 있다.
주인의 종이 되는 것이 전부였고,
그래서 주인의 자녀가 되었으며,
저절로 주인의 친구가 된 자가 노래하는 것을 찬양이라 한다.

속죄의 기도

주님,
너무나 오랫동안 저는 늘 독립하려 했고
세상과 존재와 창조자의 관계에서
하나이신 하나님과 순종의 관계에 머무르기를 머뭇거리며
자신과 사물들과 인식들 사이에 관찰자로 있었습니다.
가끔 주님의 손길이 제 안에 들어와 계셔 놀라기도 하고
새로운 경지를 경험하곤 지나칠 수 없는 새로운 지식에 눈을 떴지만
언제나 그 경험이 지나면 다시 제 안에 관찰자로 다시 들어박혀 있었으며
독립적이기를 선택하고
주님과의 관계 속에서 진리를 추구하지 않았습니다.

이런 사고는 늘 똑같이 반복되었으며
저의 관찰은 은연중에 늘 주님을 평가하고 대면하려고만 하였으며
저의 관찰의 준거를 제 안에서만 찾았습니다.
저의 주변이 주는 지식의 한계가 상식으로도 분명함에도
그래서 참 지혜는 주님에게서만 온다는 것을 자주 확신하지 못하고 잊었습니다.

그래서 저나 저의 이웃들과 저의 아이들에게
관찰자의 판단으로 상황을 이해하려 했으며
그러한 이해에 근거한 관심으로 대하게 되면서
주님에게서 온 진정한 사랑을 전달하는 데 실패해왔습니다.

이것은 진정으로 오늘날 저가 존재하는
가장 순전한 은혜의 연유와는 정반대의 방법이었습니다.
결국 제가 서 있는 자리로부터
한순간도 순종자의 사랑은 전달하지 못한 것이었습니다.

주님,
저는 스스로 똑똑해지려 하고 당신의 의도를 사색하려고 했습니다.
당신을 통한 순진한 교감과는 거리를 두고
본능적으로 정찰하러 나온 신문기자처럼
모든 것을 의심의 눈으로 제 안의 준거만을 가지고도
진실이라면 진실로 느낄 수 있다고 여기며
저의 재미없는 좁고 고루하고 미련한 집으로 돌아가 버렸습니다.

저는 여전히 범주의 오류를 범하고 말았습니다.
주님의 세계와 저의 세계는 비교할 수 없습니다.
때때로 제 안에 주님의 흔적들을 발견하고 놀라워
저의 관찰자의 예민함이 작동을 합니다만
순종자의 흐름에 맡기는 에너지는 거부했습니다.
주님은 여전히 제게 관심을 가지고 반복해서 제 곁에서 속삭이시지만
저는 그 음성을 늘 무시했습니다.

주님,
저는 왜 주님을 통해 터질 듯 감동하면서
어린아이처럼 사랑에 충만하여 이웃들을 섬기지 못했는지 궁금했습니다.

나아가 저는 때때로 저의 자아가 갖는 능력을 통해
이런 일들이 일어나기를 기대하고 있었다는 사실을 미처 모르고 있었습니다.

분명히 저는 다른 곳에서 당신을 흠모하고 있었습니다.

주님,
지금부터는
저를 순종하는 마음이 온 세상을 아는 지혜임을 누리게 하옵소서.
주를 순종하는 마음 하나로 모든 생명의 사연들을 알게 되고 참여할 수 있음을 느끼게 하옵소서.

그래서 어디에서나 어느 곳에서나
바울의 고백처럼 누릴 수 있는 천국을 경험하게 하옵소서.
더 이상 삶의 고비마다 이웃들의 오해에 있어서나
일희일비하지 않도록 하옵소서.

주님 한 분으로 언제나 충만합니다.
주님은 모든 생명을 살리는 통로이기 때문입니다.
그리고 우리의 문제를 전적으로 해결하는 시작이기 때문입니다.
주님을 사랑합니다.
저의 생명을 드려 주의 전에 예배합니다.

이제부터 저는 보잘것없는 주의 종입니다.

19

지휘자의 덕목, 두려움

필자는 예배 지휘자로 평생 살아왔다. 매주 월요일이면 지난 주일 찬양 드린 동영상을 편집하고 교회 웹에 올린다. 그리고 가장 아쉬웠던 것 등 다소 급히 고쳐야 할 것들과 미진했던 것들을 돌아본다. 이 모든 과정에 가장 많이 영향을 주는 것은 주일 당일에 일어난 마음가짐이다. 단연 예배 앞에선 '두려움'이다. 그리고 나머지 두 가지 중 한 가지는 지휘자와 찬양대원들이 함께 협동하며 만들어 간 연습과정의 것이요 최종적인 한 가지는 선곡이다. 굳이 한 가지만 뽑으라 한다면 '두려움'이다. 오늘은 선곡과 리허설 테크닉에 관한 것은 나중으로 하고 '경외(두려움)'에 대해서 얘기 나누고자 한다.

미국 교회에서 Cantor(음악목사, 교회 음악감독, 지휘자)가 되려면 Hustad가 지은 찬송가학(Jubilate by Donald P. Hustad)을 배워야 하는데 이 과목에서 성서에 나오는 예전이 형성된 역사를 배운다. 제3성전의 예전에 의하면, 특별히 구별된 사람군인 레위지파에서 선출한 Cantor(노래하는 자, 선창자라는 뜻)는 찬양자들(합창과 악기군들의 집합)의 리더에 해당되는데 Cantor는 제사(예배)의 시작을 알리는 Sound director(trumpet 주자, 청을 내는 자, 낭송하는 자)이자 집례자였다. 우리나라 음악, 국악에 수제천과 같은 정악을 연주할 때 집박을 하는 자의 역할이다. 아이들과 여자들은 제사의 뜰에 갈 수 없었고 뒤뜰에서 남자들을 기다려야 했는데 시계가 있는 게 아니어서 제사가 시작되면 뜰에 있는 모든 사람들이 깊은 두려움으로 Cantor의 소리(trumpet 음악과 선창)에 따라 침묵해야 했다.

그 제사는 자신의 죄를 대신 지어 죽어야 하는 '생명 살해' 현장의 시간이었으므로 Cantor의 엄중한 트럼펫 소리와 선창은 청중의 응창과 더불어 외마디가 영창이 되어 예배를 여는 영적 분기점을 내는 사이렌이었다. 그래서 Cantor는 악기를 다뤄야 했고, 그 때문에 학습을 위해 세대에 걸쳐 직업을 유전하였으며 음성을 내야 했기에 청이 좋아야 했고 멀리 소리를 보낼 수 있는 훈련된 목을 가져야 했고 죽음의 고통과 치유와 죄 사함을 표현하는 영적 외마디를 낼 수 있기 위해 평일에도 훈련하고 매일 3번의 기도시간에도 노래하고 침묵하고 간구해야 했다.

때문에 하나님은 이들 찬양자들이 먹고 사는 것을 책임지라고 공동체에게 요구했다. 이는 제사인 예배가 성소(나중에는 회당)에서 이루어지기 위해 반드시 거쳐 가야 할 거룩함에 이르는 입문의 시간에 수문장 노릇을 했다. 이는 단지 시간을 알리는 신호자 역할만이 아니라 영적 문을 여는 감성의 소리를 내었다. 이를 주재하는 자가 Cantor다.

오늘날 설교자는 당시 제사의 자리에는 없었다. 그 예배의 진행을 진두지휘하는 자리에는 오히려 Cantor가 있었다. 오늘날 설교자의 기원은 성소가 제구실을 못 하고 하나님의 임재와 예언과 계시가 침묵하면서 바리새인들이 회당에서 성서를 대신 읽는 자들에서부터 시작한다. 또한 회당의 시대에 접어들어서도 Cantor는 말씀을 낭송하는(음악적인 높낮이와 쉼표 또는 긴 침묵을 이용하여) 일을 계속해서 맡는다.

사실, 찬양을 설교 앞뒤에 놓고 마치 설교자를 위해 있는 것처럼 예전을 엮는 것은 성경적이지 않다. 또한, 설교가 하나님 존전을 향해 하나님 자리를 대신 차지하거나 대리인처럼 선포하는 것도 예배의 정신과 흐름과 형식에도 맞지 않는다. 제사장과 그 무리가 갖는 의식에는 하나님의 현존이 99%을 차지하여 두려움으로 예배하는 것에 자신의 모든 것을 향하고 마음을 멈추어 놓을 뿐 자신이 하는 제사 역할은 1%에 지나지 않는다고 종처럼 처신하는 것이다. 제사는 자신에게 하는 것이 아니라 하나님을 향해서 하기 때문이다. 전통교회는 설교단이 중앙단을 피해 한쪽에 놓여 있다. 설교에 말씀 외에 다른 것을 넣지 않는다. 말씀의 주관자가 정 가운데 계시며 주변에 있는 해석이 정 가운데 계신 말씀의 영을 침범하지 않으려 하고 그 말씀이 영으로 회중에게 말씀하실 것이라는 해석이다. 오늘날 대형 교회들은 설교자가 정중앙에 있고 매우 크고 위태로운 강대상 위에 주인공이다. 이것도 모자라 카메라로 더 크고 화려하게 성전 앞부분을 다 비춘다. 원맨쇼를 해야 한다. 설교자가 준비가 안 되면 부담되는 구조다. 설교자가 하나님이 되는 구조다. 재능 없는 이가 그 예배 전체를 책임져서는 큰일 나는 구조다. 왜곡된 예배다. 설교자에게도 좋지 않고 예배 회중에게도 좋지 않다. 설교자가 바뀔 때마다 교회가 갈라지고 큰 홍역을 치르는 것은 예배에서 설교를 지나치게 많이 의존하고 있어서다. 설교단과 무대에 대한 편협한 생각들을 조정하려는 뜻이지 필자가 어떤 특정한 무대적 견해를 주장하여 무엇이 옳고 무엇은 틀렸다는 것을 말하려는 게 아니다. 설교단이 중앙에 있건 비켜나 있건 두 가지 다 의미가 있고 좋지만 오늘날 예배가 변사의 말재

주와 재능(재주)에 지나치게 치우친 감이 있다면 교정할 만한 것이라는 비례의 견해일 뿐이다.

다시 돌아가면 찬양은 예배의 처음이요 나중에 있고 예배는 설교자의 재능이 펼치는 현장이 아니라 하나님의 두려움이 중심에 놓여야 하는 것이다. 심지어 말씀(성서를 읽고 깨닫는 시간)보다 먼저 하늘의 문을 열고 하늘의 마음을 경험하게 하고 그 문을 닫는 Chant가 있었다. 진정한 의미에서의 제사(예배) 출입문에는 Cantor가 서 있다는 말이다. 이는 죄인들을 하나님의 임재에 불러 마음의 두려움을 일으킨 파수꾼이었다. 하나님의 임재의 자리에 제일 먼저 물두멍에 손을 씻고 두려움에 임하여야 했다.

> 레위와 세운 나의 언약은 생명과 평강의 언약이라 내가 이것을 그에게 준 것은 그로 경외하게 하려 함이라 그가 나를 경외하고 내 이름을 두려워하였으며 (말 2:5)

오래전에 이미 하나님께서 지휘자들에게 주신 생명과 평강의 언약을 주시면서 경외와 두려움을 요구하셨다는 것을 보라.

잠 2:5에 '여호와 경외하기를 깨달으며'라는 말씀이 있다. 서로 다른 버전을 보면

> 여호와 경외하기를 깨달으며 하나님을 알게 되리니 (개역개정)
> 그래야 눈이 열려 야훼 두려운 줄 알게 되고 하나님이 어떤 분이신지 알게 되리라. (공동번역)

그렇게 하면, 너는 주님을 경외하는 길을 깨달을 것이며, 하나님을 아는 지식을 터득할 것이다. (새번역)

여호와를 두려워하는 것이 무엇인지 깨닫게 되고 하나님에 대한 지식도 얻게 될 것이다. (현대인의 성경)

히브리 원문 Yare의 뜻은 '경외하다, 두려워하다'로 해석한다. 번역본마다 '두려워하다'라는 말로 번역하기도 하고 '경외하다'라고도 한다. 정확한 뜻은 'awesome, 놀람'이다. 특별히 공동번역에서는 '눈이 열려 두려운 줄 안다'로 번역한다. 이는 공경하는 마음에서 무엇을 보게 되는 어떤 관문 하나를 설정하여 그 문에 들어가는 의미를 가지려 '눈이 열려'라는 관형어를 집어넣고 두려움에 이른다 한다. 눈이 열리면서 갖게 되는 깨달음의 의미와 두려움을 섞어 사용하는 것을 볼 수 있다.

이 원문이 가리키는 '경외(야레)'하는 정황을 정물화로 보면 그 내용에는 '유비쿼터스'가 깔려있다. 유비쿼터스가 모든 곳으로 통할 수 있는 통합과 조직이 연결되는 '편재된 하나님성'이라는 의미처럼 하나님의 임재를 일으키는 예배는 Yare(경외, 두려움, 놀람)로 향하고 통합한다. 우선 깨달음에 이르는 길에는 평상의 길과 다른 것이라 선포한다. 그것은 아주 낯선 느낌이 강하게 표현되는 지극히 진지한 언어감을 가져온다. 그 언어는 '두려움'이다. 즉 평상의 길과는 아주 낯설고 이질적인 구별된 영적 감성을 요구하며 그리로 가는 문은 매우 낯선 통로이다. 두려움은 단지 인간이 가진 가장 진지한 생명의식에 서 있게 한다. 죽음 앞에 선 자처럼 얼이 날 서게 되었을 때 두렵다고 말한다. 너무나 아름다운 광경을 보고 또는 감동적인 보응을 들을 때 두렵다고 표현하지 않는가.

적어도 그 길을 찾을 수 있는 자격을 요구하는 것은 아닐 수 있으나 분명히 평상의 길로 갈 때와는 다른 진지하고 유별난 낯선 태도가 전제되어 있다. 즉 깨달음의 길은 따로 있고 다른 태도를 요구한다는 것이다. 신약에서는 이 깨달음의 영을 성령이라 하기도 하고 은밀한 비밀을 창세 전부터 주신 것으로 그 비밀이 드러내는 과정에 선 자의 마음이 두렵다고 표현하고 있다.

내가 너희 가운데 거할 때에 약하고 두려워하고 심히 떨었노라. 내 말과 내 전도함이 설득력 있는 지혜의 말로 하지 아니하고 다만 성령의 나타나심과 능력으로 하여 너희 믿음이 사람의 지혜에 있지 아니하고 다만 하나님의 능력에 있게 하려 하였노라…
그러나 우리가 온전한 자들 중에서는 지혜를 말하노니 이는 이 세상의 지혜가 아니요 또 이 세상에서 없어질 통치자들의 지혜도 아니요 오직 은밀한 가운데 있는 하나님의 지혜를 말하는 것으로서 곧 감추어졌던 것인데 하나님이 우리의 영광을 위하여 만세 전에 미리 정하신 것이라
이 지혜는 이 세대의 통치자들이 한 사람도 알지 못하였나니 만일 알았더라면 영광의 주를 십자가에 못 박지 아니하였으리라 기록된바 하나님이 자기를 사랑하는 자들을 위하여 예비하신 모든 것은 눈으로 보지 못하고 귀로 듣지 못하고 사람의 마음으로 생각하지도 못하였다 함과 같으니라 오직 하나님이 성령으로 이것을 우리에게 보이셨으니 성령은 모든 것 곧 하나님의 깊은 것까지도 통달하시느니라…
누가 주의 마음을 알아서 주를 가르치겠느냐 그러나 우리가 그리스도의 마음을 가졌느니라 (고전 3-16)

이 짧지 않은 긴 본문이 지향하는 한 언어구조의 유비쿼터스 내형지도에는 '두려움'을 거쳐 '은밀한 지혜'로 전개하다가 일단 성령으로 통합한다. 이것을 다른 통로인 역사적 구조로 들어오게 하는데 '만세 전에 하나님에 의해' 예비된 '하나님의 영'으로 확립하였다가 그 영을 접한 현재 고린도 교회 성도들 마음에 이르게 한 것으로 확장하고 그 영이 곧 '그리스도의 마음'이라고 방점을 찍는다. 그러니까 그리스도의 마음을 한가운데에 등장시키려고 두려움이라는 구별된 창을 설정하고 성령으로 통합하다가 태초의 하나님 영의 지혜가 은밀히 감추어진 것을 통달하는 그리스도의 마음에 다시 연결한다.

이 은밀한 영의 한 중심에 이를 설명하고 있는 톤을 두고 연결하고 있는데, 그것은 두려움이다. 그 두려움의 감성은 깨달음과 지극히 높고 초월적인 하나님 마음이 전개된 이야기로 곧 격앙(크레셴도)된다. 바울이 이런 은밀한 비밀의 영을 알게 되는 정황에서 자신의 내면의 영적 상태의 변화를 말하고 있다. "내가 너희 가운데 거할 때에 약하고 두려워하고 심히 떨었노라" 두려움과 만났다는 것이다. 이 두려움으로 출발하여 두려움에 이르렀는데 그곳에서 하나님의 능력이 드러났다고 한다.

여기서, 예배에 임하는 하나님의 목격 사건을 맨 먼저 경험하고 알리는 파수꾼의 역할인 Cantor의 두려움 역할을 눈여겨보아야 한다.

이 두려움의 내적 조직은 은밀한 비밀의 길에 갈 때 두 가지 두려움이 있는데 첫째는 깨달음의 영이 오기 전에 그 마음이 두려움으로 시작된다고 하는 것이고 둘째, 깨달음으로 인해 은밀한 비밀이 드러날 때도 그 두려움에 떨면서 그 깨달음의 한가운데 두려움과 떨림으로 서 있었음을 고백하고 있다. 태도는 작은 두려움에서 출발하였으나 깨달음의 한가운데에 들어서기까지 크레셴도(격앙) 되고 있다.

나아가 경배는 경외의 마음으로 절하는 것을 뜻한다. 경외는 예배와 다르다. 예배가 살아있으면 경외로움이 되는 것으로 생각하지만 경외는 두려움 같은 절명의 상태에서 일어나는 높고 깊은 깨달음을 동반한다. 예배가 일상적인 의식이라면 경외는 일상적인 의식을 뛰어넘는다. 이때 예배자의 경배가 일어난다. 개인적이고 자발적인 믿음의 단단한 영의 단초를 일게 하는 시작지점이다.

특별히 두려워하여 깨달으면 하나님을 알게 된다고 말한다. 어떻게 두려워하는 마음이 깨닫게 하고 알게 하는 것일까? 이는 두려워하는 심리적 느낌만이 아니라 하나님께 나아가려는 절박한 열망을 통해 하나님의 영이 운동력을 일으키신다. 상상할 수 없는 너무나 엄청난 존재 앞에 감히 자신의 존재가 사랑받고 있다는 무서운 두려움에 도달하고야 만다. 너무나 놀라운 존재의 영을 알게 된 자의 두려움이다.

이는 우주적인 놀라움인 지극한 외경감인 놀람과 경성(驚醒)이다. 경외의 대상은 하나님이라는 이름이다. 이름은 그분의 본체를 지시하고 있다. 이 이름에 대한 태도와 자세가 날이 섰다. 곧 경외의 시작이다. 이는 심리적 두려움은 단절적 언어요 비관계적인데 반해 경외는 놀라움의 대상과 관계하려는 관계적 언어다. 그러므로 경외란 깨닫는 자의 마음의 시작과 바라보는 이의 눈으로부터 일어나는 절대 권위를 지닌 자를 향한 순박한 열망에서부터 미련한 자가 어떤 뛰어난 자에 의해 저간의 모든 것을 알게 된 자의 큰 깨달음까지 표현하고 관계하려고 한다.

이 경외의 마음이 인 자는 하나님을 보지 않고는 일어날 수 없다. 경외는 하나님을 보았든 보지 않았든 하나님을 안 자가 갖는 마음인 건 분명하다. 그러나 깨달은 자의 마음이 포함되어 있으니 하나님을 안 자는 하나님을 보지 않고는 일어날 수 없다는 말이다. 경외의 순간이란 하나님과 경외자 간에 무슨 일이 일어났음 즉 관계형성 이후의 사건이다. 이사야 26장에 그 날에 노래하는 자에 대해 긴 설명을 하고 있다.

> 그 날에 유다 땅에서 이 노래를 부르리라 우리에게 견고한 성읍이 있음이여 여호와께서 구원으로 성과 곽을 삼으시리로다 너희는 문들을 열고 신을 지키는 의로운 나라로 들어오게 할지어다 주께서 심지가 견고한 자를 평강에 평강으로 지키시리니 이는 그가 주를 의뢰함이니이다…. 여호와여 백성이 환난 중에 주를 앙모하였사오며 주의 징벌이 그들에게 임할 때에 그들이 간절히 주께 기도하였나이다 여호와여 잉태한 여인이 산기가 임박하여 구로하며 부르짖음같이 우리가 주의 앞에 이러하니이다 (사 26:1-19)

노래하는 것과 여호와께서 견고한 성을 삼는다 할 때 동사 단어가 같은 어원인 '쉬르'(유샤르-삼다, 핫쉬르-노래)다. 노래하는 자는 뿌리를 내리는 자다. 모두가 변하고 뿌리를 내리지 못하고 떠날 때 혼자서 그 하나님의 두려움으로 뿌리를 내리는 자를 노래하는 자로 세우고 있다. 두려워하는 자의 모습과 성을 굳게 하고 심지가 견고한 자, 주를 의뢰하며 임박한 산모처럼 간절히 구로하며 노래하는 파수꾼의 모습이다.

필자가 드디어 시편 기자가 쓴 최고의 걸작시인 시편 139편을 인용할 차례가 되었다. 이 시는 여러분이 찬찬히 깊이 있게 몇 번이고 읽어봐야 시인의 마음밭에 무슨 일이 일어났는지 그 움직임을 알 수 있다.

경외가 일어난 후 이 시인은 점진적으로 고백한다. 첫째 연부터 그는 모든 것을 하나님으로부터 안 것을 놀라워하는 것으로 시작한다.

시편 139편 1절, "여호와여 주께서 나를 살펴보셨으므로 나를 아시나이다" 여기서 작가인 다윗 자신이 하나님이 자신을 살펴보셨음을 알았다 함은 자신 안에 하나님이 자신을 통해 일어난 일을 기억하고 경험하고 있다는 뜻이다. 즉 하나님을 보았다는 것이다. 이는 놀라운 일인 것이 하나님을 보았으니 모든 것을 본 것이다. 그는 1-6절까지 하나님은 모든 것을 알고 있다고 고백한다. 7-12절까지에는 그의 영이 우주에 편만이 계신 것(하나님의 영)을 보았다 하고 있고, 13-16절까지는 자신을 포함한 각 사람이 하나님에 의해 창조되었음을 알게 된 것을 고백하면서 14절 전후에 생명이 창조된 연유에 대해 설명해 내더니 드디어 그의 마지막 고백이자 중심 문장인 14절에 이 모두가 두렵다고 적고 있다. 개역개정에 의하면, 시편 139편 14절에 "내가 주께 감사하옴은 나를 지으심이 심히 기묘하심이라 주께서 하시는 일이 기이함을 내 영혼이 잘 아나이다"라고 번역했는데, 히브리 원문에 의하면, 기묘하다는 말은 yare라는 말인 두려워하다, 경외하다는 말이다. 이 경외가 139절 전체 컨텍스트로 미루어 보아 유비쿼터스(편재적이고 통합적)로 해석되고 있다. 필자의 번역으로 보면, "내가 이를 찬양하겠어요, 이 모든 주의 놀라운 창조물 앞에서 구별된 것에 놀라 두렵습니다, 내 영혼이 이를 바로 알고 있으니 말입니다." 이다.

여기에 두 가지 사실을 앞뒤로 나열하고 가운데 두렵다고 한다.

14a 내가 이를 찬양하겠어요.

14b 나는 두렵습니다. (주가 지으신 창조물들의 힘과 기술 앞에)

14c 내 영혼이 이를 바로 알고 있습니다.

설교자는 이미 전해진 말씀을 설명하고 해석해주는 역할을 한다면, 찬양자는 죽음(희생제물이 놓인)에 처한 예배 현장 처소에 하나님을 목격하고 동시에 Cantor 한다(놀라움으로 선포하고 노래한다). 여기 '두렵다, 경외하다'라는 말은 찬양과 알고 있음의 가운데 위치한다. 두려운 자의 의식에 찬양과 알고 있음이 막으로 쳐져 있다. 경외에는 두 가지 선포가 있다. '나는 구별된 자다'라는 주체의식과 (찬양하는 자, 아는 자) '나는 경외하는 자'(주의 자녀, 나의 어머니의 자궁에서 나를 이미 보았고 내 내장을 지으셨다는 목격과 지금 이 예배에 임재하심을 통해)라는 것이다. 더구나 찬양하는 것이 땅에서 하늘로 올리는 상향적 관계방향이라면 알고 있음, 즉 깨달음은 이미 하늘에서 찬양자에게 땅으로 내리신 하향적 관계방향이다. 경외는 이렇게 관계를 이루게 하여 하나님의 마음과 접속하고 그의 능력 때문에 땅에 있는 부족한 자가 하나님의 전능과 관계한다.

이렇게 구약뿐 아니라 신약에 히 12:28과 행 9:31을 통해서도 경외는 통으로 연결되어 있다.

> 그러므로 우리가 흔들리지 않는 나라를 받았은즉 은혜를 받자 이로 말미암아 경건함과 두려움으로 하나님을 기쁘시게 섬길지니 (히 12:28)

> 그리하여 온 유대와 갈릴리와 사마리아 교회가 평안하여 든든히 서가고 주를 경외함과 성령의 위로로 진행하여 수가 더 많아지니라 (행 9:31)

위 두 구절을 통해 하나님의 놀라운 사건이 그 단초인 경외에서 얼마나 큰일로 벌어졌으며 그 후에 어떻게 확산되어 가는지 보여주고 있다. 예수께서는 두려움의 비밀을 영과 진리에 두셨다.

우리 조상들은 이 산에서 예배하였는데 당신들의 말은 예배할 곳이 예루살렘에 있다 하더이다 예수께서 이르시되 여자여 내 말을 믿으라 이 산에서도 말고 예루살렘에서도 말고 너희가 아버지께 예배할 때가 이르리라 너희는 알지 못하는 것을 예배하고 우리는 아는 것을 예배하노니 이는 구원이 유대인에게서 남이라 아버지께 참되게 예배하는 자들은 영과 진리로 예배할 때가 오나니 곧 이때라 아버지께서는 자기에게 이렇게 예배하는 자들을 찾으시느니라 하나님은 영이시니 예배하는 자가 영과 진리로 예배할지니라 (요 4:20-24)

성소가 파괴되어 더 이상 제사가 진행될 수 없었을 오늘날의 예배를 예상하고 예수께서는 사마리아 수가성 여인을 만난 자리에서, 하나님의 임재의 처소가 여기 있다 저기 있다 하지 말고 예전이 가리키는 방향은 처소(형식과 절차 날짜)가 아니라 마음에 있다 하며 영과 진리로 예배할 때가 온다고 예언하시고 예배의 처음 마음인 영과 진리를 불러오신다.

경외(두려움)는 이렇게 하나님을 안 자가 느끼는 영적 첫 경험 사건이다. 하나님의 사랑은 그리스도 예수의 십자가 사건을 향하고 있고 이는 하나님의 사랑이 향하고 있는 하나님 나라의 구원 사건을 예시하고 완성하며 연결한다. 여기 연결하는 동력인 행위의 내적 동요가 일어나는 처소에 찬양자(지휘자)가 서 있다. 경외에 서서! 찬양자(지휘자)가 예배의 문에 이 '두려움'으로 서 있어야 하는 것을 모르면 찬양대(찬양팀)라는 취미클럽에 모인 청·중년들 비위나 맞추고 그들의 지루한 예배 시간과 교회생활을 적당히 자기들끼리 즐겁게 하는 콜라텍 바람잡이로 전락하거나 찬양리더(지휘자)의 음악적 취향에 맞춰 찬양대(찬양팀)가 맞지도 않는 춤을 춰주는 것으로 찬양을 왜곡하고 배설하는 것이다.

찬양자(지휘자)는 예배 앞에 큰 두려움을 목격한 자다. 두려움은 주님의 세상에 돛을 내리는 마음의 문이다. 돛을 내리면 주의 영이 찬양자(지휘자)의 영을 점검하시고 찬양자(지휘자)의 결핍을 채우신다. 항상 찬양자(지휘자)를 앞에 세우고 주님은 바로 뒤에서 마치 코치처럼 따라오신다. 찬양자(지휘자)가 주님이 뒤에 계심을 의식하고 주님의 마음이 궁금하여 주를 의뢰하면 주님은 찬양자(지휘자)에게 네가 한번 해보라 하시다가 찬양자(지휘자)의 주장과 음악적 흥미로 빠질라치면 아무 말씀이 없다. 하지만 찬양자(지휘자)가 주님을 의식하는 한 주님은 늘 찬양자(지휘자) 곁에 계시고 종용하시고 격려하신다. 두려움은 주님과 함께 가는 엔진이다. 음악을 하는 자의 불안(의식의 밀도를 높여 스스로 섬세함에 이르는 에너지)은 놀라운 에너지원이다. 언제건 자기주장에 빠지지 않게 하고 견지와 주의력과 준비성과 겸허를 가르치고 집중과 허물 사이에서 자기 함정에 빠지지 않도록 하신다. 이 기초 위에 거룩을 세우는 것이 찬양자(지휘자, 노래하는 이)의 사명이다.

두려움 연습

두려움은 영적인 언어이다. 낯설고 이질적인 그분 모습의 만분의 일도 느낄 수 없어서 독백처럼 흐트러진 호흡이 자기도 모르게 터져 나와 신음이 된 것이다. 단지 놀람이 놀람이 되어 아무것도 범접할 수 없는 생명 앞에 선 소리다. 하나님을 본 자가 무슨 말을 해야 할지 몰라 그저 온몸에서 일어나는 영적인 이상한 기운을 두고 다 표현할 수 없어 그저 두렵다고 했을 뿐이다. 두려움은 다 표현하지 못해 일어나는 첫 번째 놀람의 상태이다. 지각하지 못하는 존재가 어찌어찌 하다가 그분을 경험했을 때 일어나는 총체적인 존재의 불안이 다 드러나고야 만 초주검과 그로 인한 묵음의 상태다.

찬양자(지휘자)의 첫 소절과 첫 손짓에서 일어나는 침묵은 언제나 이 깊은 생명살해 현장이었던 제사의 현장에서 일어난 묵음의 단초에서 시작해야 한다. 묵음을 말해야 할 때 고통스럽게 쏟아내는 탄허의 언어가 찬양이다. 그러니까 두려움은 다 말한 것이 아니라 그저 놀라서 한마디 비명이었을 뿐이다. 인간이 느낄 수 있는 일반적인 경험이라곤 한 방울도 깃들지 않은 최초의 낯선 육체의 자지러지는 외마디, 이는 분명 생명의 파편이요 외마디이다. 그분을 오감으로 알게 만드는 실체의 거대함 때문에 아무것도 부정할 수 없는 바로 그분의 실체로 인하여 일어나는 놀람이다.

그분의 놀라움은 무엇과도 비교할 수 없다. 지극히 계시적인 상황에서 분별과 선포의 날이 찾아오고 주의 영광이 드러나야 할 때 그 현장의 보고자가 마음에 일어나는 기이한 현상을 보고 느끼는 영감이다.

이 두려움은 인간 앞에 선 하나님의 본래 모습이다. 믿는 자에게 두려움은 경외로운 신실함으로 나타나지만 믿지 않는 이에게는 낯설고 곤혹스럽고 불편한 두려움으로 나타난다. 두려움은 생명의 울음이다. 이 울음은 짧은 인생에 생명의 결핍으로 운다.

찬양자(지휘자)들이여 두려워하기로 하자. 참된 존재 앞에 그분의 생명을 갈급해 하자. 두려움은 그분이 알고 찾아오시는 존재의 확인이요 두려움을 받는 자는 그분이 허락한 자이다. 두려움은 그렇게 서로를 동일시한다. 없는 경험으로 하나님을 향해 두려움을 느껴야 한다고 말해선 안 되지만 그분을 지극히 마음을 모아 기다려야 일어나는 것이기에 그 순간을 두려워해야 한다.

　아픔이 있는 자는 그 마음이 그렇지 않은 자의 몇천 배의 갈구와 결핍을 하나님께 호소하게 된다. 아픔이 있는 자는 두려움에 이르는 게 그렇지 않은 자들보다 쉽다. 찬양은 그 결핍자의 마음에서 출발한다. 하나님은 그 앓는 자의 마음을 찾아 나서기에 결핍된 호소에 처한 찬양자(지휘자)의 마음에 하나님은 찾아오신다. 갈급한 구도자의 마음에 이 경외의 비밀이 있다. 성서에는 하나님을 갈급히 찾는 자가 하나님을 만난다 하셨다. 두려움 연습은 하나님을 갈급히 찾는 자의 고독한 무력감의 고통에서 시작한다. 이 고통이 찾아온 지휘자(찬양자)는 복 있다. 그가 하나님을 찾을 것이니…

20

찬양은 하나님의 침묵에 귀 기울이는 자

발밑에 깊은 샘이 들리고

오, 주님.
내가 사는 땅,
땅의 기운이 조금이지만 내 작은 몸에 남아 있으면
하늘로 가는 내 작은 기운도 당신께 맞닿아 있습니다.
조용한 숨도 당신을 그렇게 바라볼 수 있고요.
그렇게 조금 있다 보면 산과 들녘의 침묵이 들려옵니다.
세월이 흘러 오늘이 있을 동안 오래전에 있었던 기운도 가만히 내 안에 오고 갑니다.
발밑에 깊은 샘이 들리고 들판에 태양이 식어가면
새들은 생명의 예배를 드립니다.
온 천지 어둠이 다가와 잔을 기울이며 내 곁에 앉았습니다.
고단한 하루가 지나갔습니다.
내 숨이 조용해집니다.
오늘도 심심해 당신의 숨소리를 듣습니다.

나는 참 모르는 게 많습니다.
내겐 아직 작은 일들이 남았습니다.
이곳은 걱정거리가 참 많습니다.
그렇게 작은 하루가 멈추지 않고 갔습니다.
난 그것을 멈출 수 없고 붙잡을 수 없습니다.
당신이 켜놓은 우주 엔진 소리는 나뭇잎처럼 작고 멀리 들리지만
호흡을 깨뜨려 평온을 가져가진 않았습니다.
아무것도 나의 것이 아니지만 그렇다고 내 것 아닌 것도 없습니다.
나의 생명이 당신께 예배합니다.
마음을 모아 오늘을 힘껏 지냅니다.
(창조자를 향한 내 안의 흔적을 찾아서…)

21

찬양을 입에 둔 자를 보고 두려워함

내가 여호와를 기다리고 기다렸더니 귀를 기울이사 나의 부르짖음을 들으셨도다 나를 기가 막힐 웅덩이와 수렁에서 끌어올리시고 내 발을 반석 위에 두사 내 걸음을 견고하게 하셨도다 새 노래 곧 우리 하나님께 올릴 찬송을 내 입에 두셨으니 많은 사람이 보고 두려워하여 여호와를 의지하리로다 (시 40:1-3)

슈바이처 박사의 기숙사

청년 슈바이처는 그의 중고등학교 시절 기숙사에 살았는데 그가 그의 자서전에서 그날의 신비를 이야기하고 있다. 슈바이처 박사는 그의 자서전에서 김나지움 시절의 체험을 통해 그의 삶이 전환된 계기를 다음과 같이 밝히고 있다. 필자의 기억이 불확실하지 않다면, "나는 그 시절 수업이 끝나면 기숙사에서 새벽이 올 때까지 오르간 앞에 앉아 있었다. 그리고 새벽녘에 잠 한숨 자지 않고 레슨을 받으러 10km나 떨어진 곳에 가곤 했다. 그 날은 어느 일요일 아침이었다. 일요일이었기 때문에 라틴어 수업을 받지 않아도 되었고 하루의 안식에 즐거운 기분에 사로

잡혀 4층 기숙사에 있는 내 침대 앞에 걸터앉으며 잠을 깨웠다. 아침 창을 열었다. 내 창가에는 아침 습윤이 촉촉하게 방으로 가만히 모여 오고 있었다. 창 옆에는 4층까지 뻗은 미루나무 잎이 바람에 살랑거리고 있었고 나무 속에는 새들이 지저귀고 있었는데 곧 그 나무에 햇살이 펼쳐 왔다. 바로 그때 온몸을 전율케 하는 억세게 하강하는 천상의 음악이 들려왔다. 나는 참으로 이상하게도 그 음악을 들으면서 미래에 대해 꿈을 설계하는 독백을 하기 시작했다. 내가 20대까지는 학문과 예술을 위해 30대부터는 인류를 위해 내 생애를 바치겠다고 결심하고 있었다." 필자의 조금 오래된 기억이라 위 상황 기억은 첨삭이 되었을 것이다. 슈바이처는 자신과의 약속을 전 생애를 통해 지키고 있는데 그는 음악과 관련한 느낌을 실존과 희생과 맹목적인 것과 불안과 예지와 사려 깊음과 희망과 인인애(隣人愛)와 연결시킨 매우 뛰어난 사상가였고 자연과학자였으며 성서학자였으며 음악이론가였으며 오르간 제작 이론가였는가 하면 뛰어난 오르간 연주가였다. 그는 이 모든 것을 해낼 수 있는 아주 우연한 음악성을 과소평가하지 않고 있다. 그의 음악행위 안에 자신의 영적 자아가 발현되었음을 고백하고 있다. 음악은 영적이다. 찬양은 더욱 그렇다. 자신 밖에서 무엇이 온다는 걸 안다. 그래서 자신 밖에서 일어나는 무한한 것들에 대해 자신 안으로 가져온 자다. 그는 그것이 자신의 통찰에서만 이루어졌다고 여길 수도 있지만 하나님은 그에게 무조건 주셨다. 이 화두는 두려움이다.

두려움

두려움은 하나님이 하늘과 땅을 창조하실 때 처음에 일어난 영이다. 하나님과 인간 사이에서 일어난 처음 느낌이다. 두려움이란 생소하고 날것인 것이지, 그것이 상대적으로 두려움이란 뜻이 의미하는 것처럼 느낌이 어둡고 무거운 게 아니다. 이 단어는 생명을 주신 이가 생명을 받은 이와 접촉하는 촉지점에 쓰인 다소 영적인 말이다. 필자는 생명을 창조하신 이의 임재를 현재에 생영으로 반응하는 자의 접촉점에 느끼는 첫 느낌으로 사용한다. 아담과 하와가 선악과 사건 후 스스로 벗은 걸 알고 하나님 앞에 두려워한 히브리어 Yare에서 기인한다.

이 두려움은 하나님이 천지를 창조할 때 그저 혼돈과 어둠이 있던 공허한 전 세상의 반대편에 있다. 또한 인간이 죽은 뒤에 있는 죽은 자의 세상의 반대편에 있다. 이 두려움은 오직 생의 전과 생의 후 중간에 있는 현세에서 느끼는 산 자만이 느낄 수 있는 하나님의 영이다.

우리는 하나님이 주신 생영으로 살면서 하나님의 생영을 따로 특별하게 느끼지 않는다. 간혹 생영에 대해 깊이 관찰하는 자들의 생각들과 삶을 그리 심각하게 받아들이지 않는다. 따라서 그 생영이라고 굳이 이름 붙이는 것도 종교적 언어처럼 느껴질 만큼 낯설기까지 하다. 생영은 매우 거룩한 것이나 모든 피창조물들에게 있고 또한 생영끼리 다 가지고 있으니 산 자들을 존귀하게 여기지 않고 흔하게 취급한다. 그래서 귀한 것을 모르고 자신이 살아있는 영으로 있음을 잊어버리고 산다.

오래전에 우리가 그 하나님을 누리지 못해 점점 더 산 자들의 게으른 무관심의 결과다. 생영이 얼마나 귀한 것인지 모르고 살다가 하나님이 주신 것을 알고, 그 하나님의 형상이 녹아 있는 자신 안에 생영이 두려울 만큼 생명으로 살아있음을 알기 시작한다. 하나님 앞에서 우주적인 하나님의 형상을 그가 주신 생영으로 느낄 때 우리는 진정으로 살아 있다고 해야 한다. 하나님을 의식하지 않는 생명은 그의 모든 능력을 다 사용하여 생명의 전부를 누리고 있다고 말할 수 없다.

그러므로 이 현세에 지금 바로 이 순간에 살아있는 우리의 영은 생명을 준 자의 생영과 함께 살아있는 것이다. 이 생영이 가장 그 생명의 전 존재를 누리는 것이 존재를 일으킨 자와 관계하는 것, 즉 찬양하는 것이다. 그 근거는 이렇다.

단지 물질에 불과했던 혹으로 우리의 생명을 주시려 하나님께서 생영을 주셨다 했을 때, 그 영이 히브리말로 '르아흐'인데 '르아흐'는 구별된, 거룩한 것이다. 여기 거룩하게 구별된 히브리말이 '카도쉬'인데 여기 새 노래로 할 때 노래를 수식하는 말이 히브리말로 '카데쉬'다. 같은 어원이다. 생영의 거룩함은 새것이고 새 노래도 처음 들어본 거룩한 노래다. 이 생영은 하나님과 관계할 때 언제나 일어난 거룩한 처음 영이다. 살아있는 우리는 이 거룩한 생영을 어머니의 태에서부터 지금까지 함께 있어왔다. 그래서 생영이 무엇인지 모를 만큼 하나로 살아왔다. 우리가 느끼는 오감과 거룩함과 예쁜 것을 느끼는 감정과 사랑을 위해 한 영혼을 위해 평생 지고한 마음으로 지켜내는 일까지, 살아있는 것만으로도 매우 의미 있어 하는 매우 진귀하고 거룩한 가치를 지닌 것으로 남아 있다.

그런데 어떻게 이 거룩한 생영이 두려움으로 사람 앞에 보여지는가? 하나님이 주신 생영이 거룩함으로 작동할 때 생긴다. 아담과 하와가 하나님으로부터 생영을 받고 처음부터 있었던 이 두려움은, 에덴에 있을 때는 사랑과 신뢰의 헤세드가 (하나님의 사랑) 작동된 느낌이지만 아담과 하와가 죄를 지음으로써 자신과 하나였던 헤세드의 영을 구별시키고 말았다. 선악과로 인해 하나님의 능력으로 자동적으로 혜택받았던 헤세드가 자신의 능력 안에서 그 헤세드를 창조해야 하는 단독자의 일이 되어 버린 것이다. 이때 헤세드(사랑)는 야레(두려움)가 된다. 부끄러워하고 두려워하여 하나님 앞에서 숨었다. 하나님과 더 이상 일체가 아니다. 단독자가 되려면 함께 나누었던 일체는 무너지고 스스로 하나님의 능력과 맞먹어야 하는데 자신의 능력이 하나님에 비해 너무나 왜소하였다. 그가 이 상황에서 하나님과 견주어 낸 하나님에 대한 첫 반응은 두려움이었다.

하지만 두려움을 뜻하는 놀람이나 긴장이나 불안을 뜻하는 것만이 단어의 속내에 있는 게 아니라 '유일하고 엄정한 낯선 영', 날것이라는 뜻이다. 우리 안에 도저히 하나님의 인자를 숨길 수 없는 것이 하나님의 사랑인 헤세드이다. 이 헤세드는 우리가 살아갈 때 생영으로 모든 존재들과 탁월한 교제를 나누는 선물이다. 교감을 나눌 때 우리는 우리도 모르는 선한 인자를 서로에게 주려고 한다. 그러나 이 선한 인자가 우연하게도 그치게 되기도 하고 의도적으로도 끊기도 한다. 이때 두 관계는 선한 인자가 있었던 자리에 어색한 영이 대신한다. 이 영은 인간 서로 간에 선한 영향력으로 흐르기도 하고 나쁜 영향력으로도 흘러간다. 하나님과 인간 사이에 좋은 관계에서는 '아가페의 사랑'과 '놀라운 사랑'이 되지만 인간과 하나님의 관계에 안 좋은 관계에서는, 하나님은 변화가 없으니 '아가페의 사랑'은 그저 있으나 '무관심의 사랑'에서 어색함만 두 관계에 있다.

인간의 무관심은 하나님의 통제할 수 없는 아가페의 사랑이 부담스럽다. 사랑하지 않거나 아무것도 느끼고 있지 않은데 상대가 사랑하자고 하면 부담이 된다. 그의 사랑이 나의 존재의 무게를 넘어설 때 인간은 자기의 가벼운 무게를 의식한다. 이것이 선악과의 결과다.

모든 자살 사건은 하나님 사랑에 대한 인간의 복수다. 무한한 사랑이 자신에게 넘어오지 못하게 하는 행위다. 물론 그 본능 속에는 그 무한한 사랑이 부족하다고 여기려 하는 자신의 무지와 이기심에서 헤어 나오지 못한 것이지만 하나님은 이 모든 경우 큰 상처를 받으신다.

여기 모든 존재의 교감들에는 좋은 것과 나쁜 것이 있지만 하나님과의 관계에서는 좋은 것은 항상 좋은 것으로만 있어서, 그렇지 않은 인간들의 대적 행위들은 자기 안에서만 적대질을 한다. 문을 열기만 하면 하나님의 사랑이 들어오니 그렇다. 언젠가 우연히 이 사랑이 들어왔을 때 (받아들였을 때) 준비되지 않은 자기 속에 갇혀 산 인간은 매우 부담이 된다. 이 부담이 사랑의 무한함으로 인해 극한 지경에 처해 있을 때 두렵다. 대적할 수 없는 경지다. 물론 그 사랑은 대단히 친절하고 희생적이어서 어떤 것도 강요하지 않으며 이보다 숭고한 사랑을 찾을 수 없다. 무관심의 인간과 숭고한 사랑이 충돌할 때 무관심의 인간이 숭고한 사랑을 끝내 접촉하게 될 때 일어나는 이 첫 느낌이 두려움이다. 두려움은 영이다. 두근거림이요 숭경함이자 놀라움으로 전해지는 어떤 것이다.

때로 부담이 되는 것, 하지만 그 사랑의 크기가 나의 존재의 무게를 넘어서는 엄청난 것일 때 오는 감격은 부담과 같은 경지의 낯섦이다. 이 낯섦이 지닌 영이 하나님과 접촉에서 나타난다.

어린 시절 첫사랑을 치를 때 도저히 조절이 안 되는 인자가 날것이다. 통제할 수 없이 놀랍고 새로운 무엇이다. 더구나 생소한 감정에서 일어난 어떤 강렬함에 사로잡혀 제정신이 아닌 것, 우리 생명을 가진 자들에게 있는 어떤 인자가 튀어나와 처음 것들이 치르는 사건에만 존재한다. 첫사랑은 그렇게 한 사건에만 일어난 것이요 이게 날것의 영이다. 여기에 노출된 자가 느끼는 '새' 것이다.

사람들이 내 앞에서 하나님이 나를 구하시고 끌어올리시며 견고하게 하셨을 때 그때 벌어진 그렇게 위대한 주의 힘을 보고 두려워하였다. 사람들은 그때 신뢰와 사랑을 거저 가지고 두려움을 느꼈다.

> 주님께서 나의 입에 새 노래를, 우리 하나님께 드릴 찬송을 담아 주셨기에, 수많은 사람들이 나를 보고 두려운 마음으로 주님을 의지하네 (시 40:3, 새번역)

위의 본문을 새번역으로 보니, 내 입에 하나님의 사랑이 들어온 후 내가 부르는 새 노래를 보고 사람들이 두려워했다고 한다. 이 두려움은 하나님의 실체를 feeling으로 느낀 것이다. 사람들은 이 두려움을 평소에 느끼지 못한다. 낯선 것이다. 큰 자가 작은 자에게 찾아왔을 때만 느끼는 것이다.

> 새 노래로 그를 노래하며 즐거운 소리로 공교히 연주할지어다 (시 33:3)

여기 그 하나님을 느낀 자가 이 낯선 느낌을 가지고 첫사랑에서 일어날 만한 통제할 수 없는 노래를 부르는 것이 새 노래다.

> 내가 하늘에서 나는 소리를 들으니 많은 물소리도 같고 큰 뇌성도 같은데 내게 들리는 소리는 거문고 타는 자들의 그 거문고 타는 것 같더라 저희가

보좌와 네 생물과 장로들 앞에서 새 노래를 부르니 땅에서 구속함을 얻은 십사만 사천인 밖에는 능히 이 노래를 배울 자가 없더라 (계 14:2-3)

계시록의 저자는 이 소리를 처음 들었다는 것이다. 그 노래는 이전에는 들어본 적도 상상해 본 적도 없는 정말 완전히 다른 노래였다는 것이다.

하나님이 만약 정말 하나님이라면, 우리가 생각하는 가시적이고 가청범위를 훨씬 벗어난 존재가 아니신가? 날것이 아닌가? 우리가 그 경지에서 날것의 노래를 부르는 자리에 섰다면 하나님에 대해서 궁금하지 않을 수 없다. 우리의 찬양은 하나님 앞에서 구도자의 모습이어야 한다. 두려움 없이 그 앞에 서는 것은 무관심의 노래일 뿐이다. 날것이 서는 것, 새로움 없이 서는 것, 설렘 없이 서는 것, 두근거림 없이 서는 것은 그 대상을 모를 때 일어난다. 그저 음악행위일 뿐이다. 자신의 것만 나온다. 지휘자가 가지고 있는 형질적인 것, 그의 외모, 노래 실력, 지휘 실력, 사람에게 미치는 자기 실력 외에는 나타나지 않는다. 물론 그가 가지고 있는 것으로만 지휘하고 노래하기 때문에 찬양대원들은 그 지휘자 이상을 상상하거나 놀라움과 날것으로 노래하지 못하고 만다.

내가 또 보니 보좌와 네 생물과 장로들 사이에 한 어린양이 서 있는데 일찍이 죽임을 당한 것 같더라…. 그 어린양 앞에 엎드려 각각 거문고와 향이 가득한 금 대접을 가졌으니 이 향은 성도의 기도들이라. 그들이 새 노래를 불러 이르되 두루마리를 가지시고 그 인봉을 떼기에 합당하시도다… 내가 또 보고 들으매 보좌와 생물들과 장로들을 둘러선 많은 천사의 음성이 있으니… 큰 음성으로 이르되 죽임을 당하신 어린양은 능력과 부와 지혜와 힘과 존귀와 영광과 찬송을 받으시기에 합당하도다 하더라…. 내가 또 들으니 하늘 위에와 땅 위에와 땅 아래와 바다 위에와 또 그 가운데 모든 피조물이 이르되 보좌에 앉으신 이와 어린양에게 찬송과 존귀와 영광과 권능을 세세토록 돌릴지어다 하니 (계 5:5-13)

계시록은 종말에 나타날 것들에 대한 요한의 영적 경험이다. 그가 목격한 네 가지 안에 찬송이 들어가 있다. 찬송과 존귀, 영광과 권능. 이는 찬송이 존귀와 영광과 권능, 이 놀라운 능력이 일어나는 현장에 가장 먼저 호칭된 말이다.

지휘자들이여, 찬양에 임명된 자들이여, 이 일에 부르심을 받은 자들이여. 그들의 일은 놀라운 능력의 자리이다. 얼마나 두려운 자리인가. 얼마나 놀라운 자리인가.

보라 내가 새 일을 행하리니
이제 나타날 것이라…
이 백성은 내가 나를 위하여 지었나니
나의 찬송을 부르게 하려 함이니라 (사 43:19-21)

우리 안에 새 일을 행하시며 하신 말씀이라며 이제 나타날 것을 예기하신 말이 바로 찬양에 대해서다. 우리 안에 찬양의 인자가 있다는 건 하나님이 가장 좋아하시는 형질을 주신 것이다. 우리에게 생영을 주신 것은 찬양받으시기 위해서라 하지 않았는가?

주님,

우리에게 주의 낯섦의 영을 주서서 우리로 주의 은혜 안에 있음을 통시하게 하옵소서.

지나가는 모든 예식과 예배과정에 하나님의 움직임이 어떻게 내 안에 오고 가는지 보게 하옵소서.

그 안에 임하신 나의 하나님을 보게 하옵소서.

찬양받기에 합당하신 나의 하나님을 누리게 하옵소서.

22

한 시내가 있어 성소를 기쁘게 함

한 시내가 있어 나뉘어 흘러 하나님의 성 곧 지존하신 이의 성소를 기쁘게
하도다 (시 46:4)

이야기가 있는 두 줄기, 오늘날 교회에서 두 줄기를 구분해 보았다. 크게 보면 오늘날 교회는 자기와 자기를 노출시켜서 세상과 섞여 있는 물줄기와 십자가 무리들의 물줄기로 나뉘어 있다.

에피소드 1
한 무리는, 자기중심의 즐거움에 살며 끝까지 자신의 에고를 벗어나지 못해 스스로 머리 숙일 능력이 없으니 여전히 꼿꼿한 기분에라도 살라 한다. 그래서 가진 게 많은 자들의 자잘한 술수와 영향력에 치고받는 수다와 판노름에 늘 얼쩡거린다. 소망이 왜곡되어도 자각하지 못하니 꿈을 꾸지 아니하며, 마음이 다쳐 영을 견지할 틈이 없어도 죽은 세월을 기분에 살다가 속도와 번잡함에 빛이 희미해지고 동행의 기쁨이 식었지만, 그들에겐 다시 살릴 불쏘시개가 없다.

또 한 무리, 어쩌다 길이 협착하고 아무도 찾지 않는 볼품없고 지독히 높은 샘터에 구태여 오르다 보물을 발견한다. 거기 말씀과 임재와 경외와 동행의 보물이 지천에 있다. 하늘이 하늘의 것이듯이 땅이 자신들의 소유임을 아는 자들의(시 115:16) 참 기쁨이 넘친다.

찬양은 제정신 없는 자들의 것이 아니요 경외하는 자들의 소유이다. 그들에게 복에 복을 더하시기에 기쁨과 찬양이 저절로 넘친다.

에피소드 2

그들은 입이 있어도 말하지 못하고 눈이 있어도 보지 못하며 귀가 있어도 듣지 못하고 코가 있어도 냄새 맡지 못하며 손이 있어도 만지지 못하고 발이 있어도 걷지 못하며 목구멍이 있어도 작은 소리조차 내지 못하는(시 115:5-7) 자들임에도 자각증세를 느낄 마음과 능력이 없다.

그들은 말이 많고 이유가 복잡하나 더 큰 기쁨이 없어서 자기를 내세우는 것을 모르고 산다. 사실은 능력이 없는 것보다 먼저 마음이 없으니 능력을 잃은 것이다.

주를 경외하는 자들은 주의 마음과 행동을 감정으로 알고 느낀다. 그렇기 때문에 입으로 증거하고 눈이 보며 귀로 듣고 냄새로 맡고 손으로 만지고 발로 다가서며 그의 목구멍으로 멈춤이 없는 큰 소리(찬양)를 내고야 만다. 적막한 곳에 내려간 죽은 자들은 찬양하지 못하나 주의 성소를 본, 살아있는 자는 찬양을 멈추지 못한다.

복은 복이다. 복을 받지 않으면 찬양을 불러도 기쁨이 없다. 기쁨과 복을 받으려면 성소에 올라가야 한다. 아주 이상하고 특별하며 어색한 외길에 들어서야 보인다.

하지만 많은 무리들이 그 앞에까지 왔다가 집단으로 가지 말아야 한다고 서로 설득하고 무리 지어 하산한다. 그리고 그럭저럭 좋았다고 간증한다. 그리고 거기서 끝이다. 그 무리엔 교회도 있고 목사도 있고 장로들도 성도들도 함께 있다.

후기

그 산엔 먹을 것도 적었고 거칠고 황무했으며 찾는 이가 적어 불편했고 다들 무서웠다고들 말하곤 했다. 더구나 이미 그들 대부분의 의견은 거기에 다시 가기는 어렵겠다고 말하고 있었다. 아마 다음엔 보다 좀 더 우아하고 풍요가 놓인 곳이기를 기대했다. 그들이 정말 동의하기 어려운 것은 거룩함이었다고 말하고 있었는데 거룩은 자신의 죽음을 요구하였기에 그 요구는 들어줄 만한 상식의 것이 아니었다는 것이다. 거룩에 임하려면 지사적 의지가 요구되는 것인데 누구든 유관순이 될 수는 없지 않으냐고 입을 모아 강변했다. 그들 모두 성소에는 낯설고 독특한 마성과 묘한 기운이 있어 어지러웠으며 기분이 이상했다고들 말했다. 성소는 단체 관광 여행으로 가기엔 너무 외진 곳이었다. 그들은 영주 의사가 없었으므로 그냥 거기서 끝이었다.

보물을 본 소수의 무리들이 짐을 싸서 가족들과 그 산에 오르기 시작했다. 아무도 없는 낯선 곳에 불편한 삶을 시작했다. 더구나 죽음을 요구한 거룩함의 관문을 통과하자 죽음이 아니라 생영이 보였다. 처음엔 가족들 모두 여기 올라오자고 한 예지자의 선택에 불만이 없지 않았으나 점점 모든 보물이 보이기 시작하자 이 모두가 자기 것인 것을 알게 되었다. 세상에서는 무시당하고 몸은 고달프나 마음과 영이 맑고 소담하고 치료의 약초가 지천이었으며 더구나 불멸의 약초도 있었다. 자신의 부족함이 전혀 문제가 되지 않았으므로 그 아름다운 성소의 산에는 누구든 사랑받았고 천사들이었기에 찬송과 기쁨과 사랑으로 넘쳤다. 찬양하는 자의 물줄기는 거룩과 경외와 동행의 삶에서 나온다.

주님,
때때로 고단하더라도 주의 마음이 있는 곳에 전적으로 입문하게 하옵소서.
세상이 원하는 허다한 관점이 지닌 허구를 보게 하옵소서.

하여, 나를 밟고 지나가소서.
나의 영을 단련하여 주옵소서.
내가 주의 마음을 뿌리째 배우겠습니다.
내가 찬양하는 자로 서고 싶습니다.

23

기쁨으로 영원한 하나님을 찬양한다

시온아 여호와는 영원히 다스리시고 네 하나님은 대대로 통치하시리로다 할렐루야 (시 146:10)

(번역) 여호와는 시온을 영원히 통치하실 것이다 그리고 하나님은 세대와 세대를 영원히 지키신다 할렐루야

시편 146편의 마지막 연인 10절은 송축의 문장으로 끝맺는다. 이 문장에 사용된 지배적인 단어는 세 개이다.

첫 번째는 '말라크', מָלַךְ malak {maw-lak'} '다스리다'이고 두 번째는 '올람', עוֹלָם `owlam {o-lawm'} '영원'. 세 번째는 '도르', רוֹד dowr {dore} '대대로'이다. 세 번째 '도르'의 원뜻은 세대이지만 두 번 반복해서 사용되기 때문에 세대를 넘는 '대대로' 또는 '세대를 이어'라는 뜻으로 쓰인다. 이 세 단어를 연결하면 '영원히 세대를 넘어 다스린다'이고 속뜻의 범위를 들여다보면 무한의 능력자가 무한대의 세월을 영원히 통치하고 계시고 계실 것(미완료)이라고 한다. 이 선포적인 송축의 시는 하나님을 주인공으로 삼고 있지만 이 문장에 역시 이스라엘의 수도인 '시

온' 즉 예루살렘을 들여온다. 이스라엘, 이들의 하나님이 온 세계의 통치자라는 것이다.

이스라엘의 하나님을 믿는 이들은 하나님이 계신 세계에 진정으로 그의 영원한 진실과 인자와 거룩한 통치와 의미 있는 인생들을 보살피신다는 걸 안다는 것이다. 특별히 공동체에 소외된 자들, 장애자, 약한 자를 보라고 하신다. 의롭지 않은 이들에 의해 저질러진 불의 때문에 무고히 고생하는 이들을 보살피는 눈이 계신 현장을 지켜보라고 하신다. 이 눈이 영원히 세계를 통치하신다 하니 얼마나 기쁜 소식인가? 우리 뒤에 이 놀라운 능력자가 우리의 불완전한 존재의 삶에도 불구하고 영원의 세계와 함께 산다는 것이다.

이러한 하나님을 알고도 우리에게 감격 없는 삶이 반복되고 있다면 우리의 영적 감성은 서서히 그 기쁨에 무감각해진 것이다. 무감각해진 영적 감성은 영적 무지로 돌아가는 속성이 있다. 뇌졸중으로 쓰러져 기억이 다 지워진 남편에게 반복해서 아내가 있다는 걸 알게 하는 건 아내의 반복적인 헌신적인 접촉에 있다. 시편 시의 마지막에 '할렐루야' 감탄의 송축을 외치는 시는 그리 많지 않다. 할렐루야를 외쳐야 할 때 아무런 흥취가 일어나지 않는다면 우리가 남의 이야기를 너무 오랫동안 듣고 있어서 직접 우리의 가슴에 다가오시는 그 하나님의 움직임이 간접적인 곳에서 멈추어 있기 때문이다. 감격이 없는 하나님의 임재는 임재가 아니라 상상에 불과하다. 찬양하는 자의 마음에 이것 없이 부르는 것 역시 소리치기일 뿐이다. 진정한 찬양은 언제나 우리 삶에 놀라운 능력으로 살아계시는 하나님을 진정으로 느끼고 송축하는 일이다. 찬양에 하나님이 있는 영혼은 그의 삶이 세상의 방향과 다르다.

주님, 이제도 영원히 저의 현재 속에 계시니 감사합니다. 주의 마음에 사는 것이 천국이요 또 종놈의 신세에도 행복한 곳입니다. 어디에서든 주님 계시는 마음에 늘 가슴 뛰는 즐거움으로 찬양하며 살게 하옵소서. 내 안에 주님 계시니 찬양합니다.

바람난 꿈장이

잠시 호흡을 멈추고 서서 삶의 세월을 본다. 가장 빛났던 소년 시절, 바람과 비와 구름이 여름 들녘에 춤출 때 알 수 없는 영성이 깊은 곳을 훑고 지나던 기억이며 세상의 아름다움 때문에 무너지는 듯 감동으로 그저 살아있는 순간순간이 좋았고 아름답고 충만할 때가 있었다. 첫사랑을 할 때 그 견딜 수 없는 미묘한 황홀감을 잊을 수 없다. 미래를 생각하면서 새벽에 일어나 베토벤의 전원교향곡을 창가에 틀어놓고 산책하며 기도할 때 주께서 주신 그 꿈을 또한 잊지 못할 것이다.

언제건 새벽 계곡에 몸을 씻다 새벽하늘로부터 절벽으로 내려오던 몸이 감당하기 어려웠던 영감 있던 기도를 기억한다. 하나님께서 하루를 정하시고 세상을 주셨던 처음 날을 보고 좋으셨다 하셨다. 그동안 그 날들이 속속들이 감동이었고 살아있음을 알게 해주셨던 날들이었다. 아직도 감응들에 대해서 알맞은 강도와 깊이와 터치를 설명할 수 없어 애처롭지만 망가질 표현밖에 없다. 생명을 통해서 느끼게 해주셨던 그 많은 세월에 수놓인 주님의 흔적들을 표현해도 다 표현할 수 없음을, 그 많은 느낌들이 그 표현보다 더 크다. 이는 사실이다.

꿈꿀 수밖에 없었다. 주께서 늘 보여주시는 생명의 환희 때문이다. 하루도 아무 일도 없을 것처럼 황홀한 새벽을 무시하고 일어나지 못했다. 주께서 주신 무한한 아름다운 사건들을 누려야 하기에.

젊은이들이 쉼 없이 많은 친구들과 컴퓨터 앞에서 혼자 웃고 즐거워하는, 매 순간순간이 즐거운 청년 시절을 보내는 것을 보면 마음이 너무 좋다. 이게 다 바람난 아이처럼 주님의 피조물들이 어떻게 좋은지 알게 해주기 때문이다.

오늘 아침 문득 하루가 빨리 지나간다는 느낌이 들면서 순간순간의 기쁨이 행여 늘 있었던 일들을 반복하고 있게 될까 걱정이 된다. 아이들의 어린 시절을 생각하면, 재미있는 만화를 또 보고 또 보고 여전히 눈을 떼지 못하는 아이들의 감동을 깨고 싶지 않아 여러 번 아내에게 핀잔을 들어야 했다. 생각해 보면 아직도 주의 작품에 완전히 흥분하고서 그 흥취를 떠나지 못하는 바람난 꿈장이다.

이 말씀이 바로 우리가 계속 꿈장이로 남아 있으라고 깨닫게 해준다.

오직 심령으로 새롭게 되어 하나님을 따라 의와 진리의 거룩함으로 지으심을 받은 새 사람을 입으라 (엡 4:23-24)

주님, 저희가 그 거룩함으로 여전히 이 거친 삶 속에서 주눅 들지 않고
나날이 새로움으로 거짓을 멀리하고
당신의 축복된 피조물들과 환희에 있겠습니다.
제발 우리의 세월을 '그저 지나는 것'들에서 멀어지게 하옵소서.
하루하루를 시작할 때 새날을 기대하게 하시고 다시 흥분하게 하옵소서.
먼저 당신의 임재가 어떻게 살아 움직이는지 보게 하옵소서.
주님, 당신은 꿈장이입니다.
찬양하는 저희는 바람난 꿈장이들이구요.
언제나 삶을 살면서 온 하루를 살게 하옵소서.

찬양대를 위해 사시고 기도하시는 분들에게도

그 아름다운 하루를 주옵소서.

24

꿈꾸는 자의 영성

1

할렐루야 내 영혼아 여호와를 찬양하라
나의 생전에 여호와를 찬양하며 나의 평생에 내 하나님을 찬송하리로다
(시 146:1-2)

(번역) 할렐루야 내 영혼아 여호와를 찬양하라
나의 주를 찬양해요 내 영혼이 여호와를 찬양합니다

할렐루야에 '할랄'은 '찬양하다', '보이다', '스스로를 어리석게 하다'이고 '야'는 성스러운 이름인 야웨를 뜻한다. 주를 찬양하라는 뜻인데, '할랄' 동사가 가장 먼저 문장 앞에 2격 명령형으로 나온다. 이는 스스로를 어리석게 하고 주를 찬양할 먼 진실을 찾고 있다. 먼 진실이란 현실과 미래와 과거와 시제가 지닌 모든 상황을 벗어난 시제 초월의 범주에 서서 자신의 능력으로는 인식할 수 없는 여호와를 바라보고 스스로를 어리석게 한 다음 먼저 이스라엘 백성을 선택한 하나님을 찬양한다.

이 찬양은 깊고 넓은 예배 앞에 선 생명 주신 이에게 드리는 선언이다. 그러니까 이 관용어는 우주적인 먼 진실에 계신 존재를 현실로 가져와 기쁨을 누리는 공동체 용어로 보인다. 그리고 숨 쉬는 영인 '네페쉬'가 내 존재를 창조한 이름을 들어 여호와를 찬양한다고 고백한다. 생명이 어디에서 시작하였는지 알고 있는 스스로를 어리석게 해야만 보이는 존재로 내려가서, 지금 숨 쉬는 존재로 시제를 초월해 계신 절대적 존재와 만나는 장면이다.

이는 놀라운 접촉점이다. 찬양은 언제나 스스로를 어리석게 하려는 신실한 실존의 처신으로 무한한 존재를 만나는 코드이다. 얼마나 놀라운 접촉점인가 얼마나 신비한 소통인가! 현재에 계신 시제를 초월한 하나님을 현재 스스로를 어리석게 함으로써 우주적 실존의 정점에 선다. 그리스도인의 복음의 비밀이 여기에 있다. 선포하라 할렐루야 이 찬양으로 예배를 통해 주가 서 계신 지점에 금을 밟고 함께 정점에 줄을 선다.

주님, 내 영혼으로 찬양하게 하옵소서.
내가 주를 만나는 접촉점에 서 있고자 합니다.
주님이 밟고 계신 줄에 내 영혼을 내어 놓습니다.
나를 조율해 주옵소서.

2

나의 생전에 여호와를 찬양하며 나의 평생에 내 하나님을 찬송하리로다
(시 146:2)

(번역) 생명 있을 동안 여호와를 찬양하라 나의 평생에 내 하나님을 위해 연주할 것입니다.

주께서 주신 생명의 진액이 연(통)하고 있을 때, 육체에 아직 주가 주신 그 생기가 유지되고 있는 한 주를 향해 찬양하고 탄주하겠단다. 매일 매 순간 이루어지는 감사와 감탄의 고백이다. 이런 찬양시는 하나님의 총체적인 감흥이 일어난 뒤에 오는 사건이다. 하나님이 순간순간 우리에게 찬양의 대상이 되는 건 당연하다.

만약 이 당연한 찬양이 삶에 일어나지 않는다면 살아있는 생기와 생명심이 절정에 있는 건 아니다. 어떻게 이러한 하나님이 우리 삶의 한 중심에서 밀려 있을 수 있는가? 만약 하나님이 그 자리에서 떨어져 있다면 그 축제의 삶은 이미 그 많은 만찬에서 아주 사소한 먹거리에 정신이 팔려 주 음식을 맛보지 못하고 있는 것이다. 다들 사람들의 호들갑에 먼저 마음을 빼앗겨 한 중심에 계시지만 조용히 오신 가장 크고 오묘한 놀라운 주 요리인 '하나님 인자'를 놓치고 있는 것이다.

우리가 살아있는 오직 한 이유는 그 하나님의 놀라우심에 대한 감격을 나누고 누리고 표현하는 것이다. 이는 당연한 고백이자 모두를 얻은 이의 독백이요 뿌리로부터 머리까지 몽땅 통하는 전율 사건이다.

주님,
이 기쁨의 기회를 주서서 감사합니다.
나를 통해 모두에 속한 이들과 더불어 이 찬양을 나누게 하옵소서.
때때로 이 무리에서 이탈할 때 수시로 알려주옵소서.
주님의 추억이 삶에 진동하게 하옵소서….

3

　가난하고 심심했던 어린 시절 찾아오신 손길을 기억한다. 심심함이 길어질수록 새날에 대한 눈이 빛났다. 처절하게 졸고 있는 마을에서도 꿈꾸는 자는 있다. 고달픈 가난에서도 꿈꾸는 자는 있다. 찢어지게 가난한 나라에서도 꿈꾸는 자는 있다. 이렇게 불리한 조건에 속하면서도 집안에서나 집 밖에서도 전혀 새로울 것이 없는 한 평범한 앞길이 도무지 보이지 않은 한 이름 없는 아이에게도 꿈꾸는 일이 일어난다는 걸 아는가?
　만약 이런 일이 이런 자에게도 일어나는 현실에 살고 있다면 그런 자의 마음밭에 알 수 없는 특별한 외적인 영성이 있다고 믿게 된다. 이런 시시한 나라에서 깊은 영성이 일어났다면 하나님이 그자의 심심함에 간섭하고 계셨던 게 아닌가?

　이 도저히 새로울 것 같지 않은 쓰레기통에서 장미꽃이 필 것이라고 본 사람은 없었다. 조선의 보릿고개는 힘에 부치도록 치열한 가난과 고난과 강요된 게으름과 아픔을 숙명처럼 그저 바라만 보고 있었고 아이들과 여자들은 여전히 심하게 고달픈 세월에 노출되었으며 남정네들은 전쟁과 생계에 상처 난 채 세월이 지나가기를 기다리고 있었다.
　미국처럼 잔디가 없는 마을에 신작로가 생기면 흙먼지가 오히려 오랫동안 잠자던 꿈의 화신이 영성을 깨웠다. 그래서 신바람이라고 했던가? 새로운 것은 그래서 늘 새 바람을 불러왔고 이 바람은 사람을 신앙으로 일어서게 했다. 찌든 삶에서 일으키는 이 놀라운 가슴 운동. 이제 정신 차리고 뒤를 돌아보면 이 마을 사람들을 움직인 것이 그토록 긴긴 고통의 침묵인 '심심함'이었음을 안 사람은 많지 않다. 심심함은 꿈꾸게 한다.

현대인들은 심심함을(boring) 극도로 싫어한다. 그들은 꿈꾸는 세월의 고통에 노출되고 싶어 하지 않는다. 그래서 더 이상 현실에 없는 즐거움을 찾는 데 익숙하지 않다. 사람을 사람 되게 하는 가장 강력한 동인인 꿈꾸는 일에 익숙하지 않다. 고난이 없는 심심함은 죽은 시간이지만 고난이 있는 심심함은 꿈을 꾸도록 주께서 함께하신다.

몇년 전 매우 예쁘고 유명하고 똑똑한, 꿈에 부푼 연예인 젊은이가 성공한 심심한 남자들에게 농락당하다 상처를 받고 삶을 접었다. 현실에 심심할 틈도 없이 잘나가는 자들이 어쩌다 심심해지면 순간의 즐거움을 위해 권력과 돈으로 유흥을 산다. 그게 너무 좋으면 아주 덜하여 고통이 된 심심함에 처함보다 오히려 못하게 된다. 더 이상 날갯짓할 수 없게 되면 꿈꾸는 힘이라도 있어야 하는데 심심함에 고난이 없었으니 이를 일으킬 힘은 없고 장난질이나 했던 것이다. 그 장난에 재능 있는 젊은 연예인은 죽음으로 자신의 아픔을 세상에 알렸다. 그녀는 여전히 이 사회가 꿈꾸기를 바랐던 거다. 그녀는 정말 자신의 고통을 생명을 걸고 알렸다. 하지만 이 시대와 이 민족은 이미 악하여 그의 생명의 값을 우습게 여기고 있다.

잘나가는 이의 사회는 불가불 심심함을 무료하고 악하게 하지만 잘나가지 않는 이의 사회는 불가불 심심함이 고통이 되고 내성이 된다. 잘나가지 않는 이의 내성은 꿈을 키우는 동력이 된다.

찬양은 아무것도 진전할 수 없는 졸고 있는 마을에서도 소년을 꿈꾸게 한다. 찬양에는 배고픔과 고난과 아픔과 무의미와 허무를 잊게 한다.

그리고 새록새록 영을 새롭게 한다. 이렇게 조용히 숲속에서 온 주님의 계시와 임재는 꿈을 향한 견딜 수 없는 달음박질을 시작한다. 내적 동요가 무한히 터져 나온 것이다. 절망의 삶에서 치른 심심함은 끝이 없는 열정과 감사의 삶으로 연장된다. 찬양은 삶 전체에 일어나 결국 드러나고야 마는 강력한 내적 증거다.

주님,
아직 잘나가지 않는 북쪽 사회의 어린이와 여성들을 주께 올립니다.
그들의 고난과 심심함을 축복하옵시고 그들의 꿈을 간섭하옵소서.

25

찬송의 옷

주 여호와의 영이 내게 내리셨으니 이는 여호와께서 내게 기름을 부으사 가난한 자에게 아름다운 소식을 전하게 하려 하심이라 나를 보내사 마음이 상한 자를 고치며 포로 된 자에게 자유를, 갇힌 자에게 놓임을 선포하며 여호와의 은혜의 해와 우리 하나님의 보복의 날을 선포하여 모든 슬픈 자를 위로하되 무릇 시온에서 슬퍼하는 자에게 화관을 주어 그 재를 대신하며 기쁨의 기름으로 그 슬픔을 대신하며 찬송의 옷으로 그 근심을 대신하시고 그들이 의의 나무 곧 여호와께서 심으신 그 영광을 나타낼 자라 일컬음을 받게 하려 하심이라 (사 61:1-3)

본문은 예수께서 직접 언급하신 내용으로 자신의 역할과 여호와의 날을 드러내신 말씀이다. 여기에서 언급된 가난한 자를 일컫는 세 부류의 억울한 자를 불러내시고 그들에게 하나님의 영화를 보이게 될 주인공으로 세우고 있다. 첫 번째는 마음이 상한 자, 두 번째는 포로 된 자, 세 번째 갇힌 자다. 이를 누가복음에서 다시 언급하면서 오늘 너의 귀에 응하였다 하셨다.

선지자 이사야의 글을 드리거늘 책을 펴서 이렇게 기록된 데를 찾으시니 곧 주의 성령이 내게 임하셨으니 이는 가난한 자에게 복음을 전하게 하시려고 내게 기름을 부으시고 나를 보내사 포로 된 자에게 자유를, 눈먼 자에게 다시 보게 함을 전파하며 눌린 자를 자유롭게 하고 주의 은혜의 해를 전파하게 하려 하심이라 하였더라… 이에 예수께서 그들에게 말씀하시되 이 글이 오늘 너희 귀에 응하였느니라 하시니 (눅 4:17-21)

세 부류의 가난한 자를 불러내시고 구체적인 3가지 상징의 재료들을 들어 그들의 새로운 정체성으로 세우신다. 첫 번째 슬퍼하는 자(마음이 상한 자)에게 '재 대신 화관'을, 두 번째 '슬픔 대신 즐거움의 기름부음'을, 세 번째 '근심을 대신하여 찬송의 옷'을 입히신다. 이 세 가지 상징은 하나의 상징인 나무로 향하게 하고 있는데 그것은 영광의 나무이다. (포도나무 비유에 의하면 나무는 예수 그리스도, 농부는 하나님을 상징한다) 하나님의 의의 나무. 영화로이 이를 온 피창조물들에게 나무로 나타내신다는 것이다. 이를 예수께서 누가복음에 오늘 이 말이 응하고 있다고 선포하셨다.

여기 가난한 자들이란 죄의 세상에 불편을 느끼고 적극적으로 악의 세상에 발을 딛지 않는 자들을 일컫는 말이다. 세상에 뒤처진 자들은 자신의 능력 부족일 수도 있으나 가난은 실상 악의 결핍에 있는 자들, 꾀가 없고 악행을 계획하지 못하는 악에 미련한 자들을 통칭한다. 그들이 받은 악의 결핍으로 인한 벌은 마음 상함과 슬픔과 갇힌 인생이다. 악을 저지르는 데 소극적이거나 거부하는 자들에게 세상은 그들을 가난의 벌을 준다는 것이다. 그리스도인들은 필연 가난한 상황에 언제든 노출되고 있음을 알게 하신다.

하지만 오늘날 교인들은 악과 타협해 부한 자가 되고 의의 나무에 열매가 되고 싶어 한다. 선을 사랑하는지는 모르나 악의 결핍이 없다. 오늘날 교인들이 놓치고 있는 것은 자신들에게 선의 결핍환자들이 아닌지 돌아보고 손해 보는 운명의 사람들이 되어야 한다.

앞의 두 개는 나중에 분석하기로 하고 여기서는 세 번째 근심 대신 찬송의 옷을 입히시는 하나님에 대해서 나누려 한다. 여기 근심이라는 히브리어는 어두운 영, the spirit of heaviness이다. 앞의 재와 슬픔과 연관된 어두움의 영에서 사용한 히브리어 케헤(הֵהָה, keheh)는 '어두운, 어두침침한, 희미한, 색깔이 없는, 무채색의, 연기 나는'이라는 뜻이다. 앞이 전혀 보이지 않고 눈이 뜨이는 인생도 아니며 아무런 의미도 없이 사라질 만한 안개 같은 인생이라는 것이다. 그리스도인의 인생이란 이처럼 허무할 수 있다는 것이다. 어두움의 영은 더 이상 아무것도 진전시킬 수 없는 캄캄한 상태라는 것이다. 이런 어두움의 영이 그들 인생을 잠식해버렸다는 것이다. 그러나 마지막 날에 이와 같은 삶의 형태를 대신할 만한 한 상징을 가져오는데 그것은 '찬송의 옷'이다. 찬송은 혁명의 새 날에 일어나는 것이다.

오늘날 우리는 풍요 가운데 한 개인이 가지고 있는 부족함이 낱낱이 다 드러나는 사회에 산다. 그 때문에 그 서열을 힘들어하는 젊은이들이 골방으로 들어가 나오지 않는다. 부족함에 처한 자들에게 힘을 주지 않는 사회, 즉발적인 효과가 나는 잔재주가 아닌 인생 늘그막에 베스트 타임을 맞는 재능을 가진 자는 희망을 가질 수 없는 사회, 조기에 탁월성이 있는 아이들만 환호하는 사회, 더구나 장애와 정치권력이 없는 소외된 무리는 언제든 뒤로 밀려난다. 미끈하고 돋아나는 모델형 인간이 아닌 모든 자를 루저로 취급하는 사회, 돈이 없거나 돈이 없는 부모에게 태어난 인생을 저주하는 사회, 이런 몹쓸 가치에 놀아나는 가진 자들의 횡포와 자본의 악마들이 오늘날 우리 남한 사회에 판을 치고 있다.

최근 필자는 하나님은 이 사회를 북한에 전염시키고 싶어 하지 않으신다는 생각을 하게 된다. 북쪽의 잔인한 악마보다 더 잔인한 악마가 남쪽에 산다. 이들의 복수는 아이를 낳지 않는 것이다. 이 사회는 깊이 속병이 들어있다.

하지만 무엇을 고쳐야 하는지 알려줄 스승을 잃었다. 교회가 일제치하에서는 그 스승 역할을 했으나 전쟁 후에 그들은 한쪽의 편만을 들거나 부유한 자들의 고등클럽이 되어버렸다. 오늘날 찬양을 포함하는 예배는 너무나 권위적이고 풍요롭고 세련되어 부유한 자들을 위해 봉사하고 있다. 찬양이 지닌 말할 수 없는 인인애를 보지 못해서 그렇다. 이런 예배에 주님이 계실는지 필자는 확신하지 못한다.

여기 본문에, 허무와 무의미와 어느 한 가지도 알아볼 수 없는 칠흑같은 어두움과 자신감이 없는 무소속의 상태에서 어떻게 찬송의 옷이 대신 채울 수 있다고 보았는가. 찬송의 옷에 쓰인 옷은 성경 전체에 여기 이사야 61장 한 곳밖에 없다. 오랫동안 이 말이 쓰인 연유를 지닌 히브리 하가다(구전 잡기 탈무드)와 여러 관주 사전과 유대인 탈무드를 뒤져 보았으나 찾지 못했다. 쓰임이 많지 않은 단어다. 옷은 히브리어 마테 (הטעמ ma`ateh)로 옷, 랩(부엌에서 쓰는 얇은 비닐 랩, 또는 껍질, 맨틀, 겉옷)을 뜻한다.

어두움의 영으로는 전혀 불가능한 것이 찬송이다. 이사야는 그들에게 찬송의 옷을 주겠다는 것이다. 옷은 구약의 언어문화환경에서 보면, 축제와 권위와 영광을 상징한다. 찬송은 마음의 본질에 변화가 일어난 자들이 환호하는 것을 뜻한다. 어두움의 영에 갇힌 자에게 마음의 본질에 변화가 일어났다는 것이다. 이는 주변의 변화가 아니라 속의 속이 변화한 것을 뜻한다.

속의 속이 변화했으니 찬송이 일어났고 찬송의 영화가 그에게 나타난 것이다. 찬송은 주재자가 있는 위치를 함께 의미한다. 어두운 세상에 드디어 주재자이신 하나님이 가난한 자들 앞에 나타나셨다는 것을 의미한다.

그렇다면 찬송의 옷은 그들이 맞을 최후의 장소를 일컫는 것이요 그들이 여전히 어두운 세상에서 빛을 기다리는 자들이라는 것이요 마지막까지 자신을 변화시킬 새로운 영이 찾아오실 것을 안 자들이 부르는 자들의 노래일 것이며 그 앞에 하나님이 주재하시리라는 것이다.

본문 10절을 새번역으로 보면, 세 가지의 상징을 좀 더 설명하고 있다.

> 신랑에게 제사장의 관을 씌우듯이, 신부를 패물로 단장시키듯이, 주님께서 나에게 구원의 옷을 입혀 주시고, 의의 겉옷으로 둘러 주셨으니, 내가 주님 안에서 크게 기뻐하며, 내 영혼이 하나님 안에서 즐거워할 것이다 (사 61:10, 새번역)

찬송의 옷을, 의의 겉옷을 말하는 것으로 본문이 해석하고 있다. 찬송은 의를 상징하고 있다고 말한다. 의는 공의를 뜻한다. 영원히 선포되고 반드시 지켜지는 하나님의 약속이다. 이를 말하고 노래하고 느끼고 채우시는 행위를 뜻한다. 찬양은 또, 찬양하는 자들에게 모든 나라에 이를 공표하는 역할도 주셨다.

> 땅이 싹을 내며 동산이 거기 뿌린 것을 움돋게 함같이 주 여호와께서 공의와 찬송을 모든 나라 앞에 솟아나게 하시리라 (사 61:11)

찬양하는 자는 단지 노래하는 자들이 아니다. 그들을 변화시켜 주재자의 권위와 영화를 주시며 감히 주 앞에 서 있는 자들이요 의를 세우는 일이다. 그리고 만일 우리가 그 날 오기 전에 있을 때 우리의 부족함에도 불구하고 여전히 우리를 살피시는 그 하나님이 항상 내재하시는 살아있는 싹이 찬양하는 자 내면에 있다. 본문은 그렇게 말하고 있다.

심령이 가난한 자와 의에 주리고 목마른 자, 사회로부터 버림받은 자들에게 찬양의 옷, 공의와 찬송이 솟아나게 하셨다는데, 도대체 오늘날 대형교회의 찬양은 그 화려한 빌딩과 초전문가들이 연주하는 곳에 있으니 어찌 가난과 버려진 자들의 옷이 되었다고 해야 할지 모르겠다.

찬양은 분명 다른 시각을 요구한다. 하나님의 마음이 어디에 있는지 깊이 묵상할 일이다. 분명한 것은 찬양하는 자에게 복이 있다. 이것은 사실이다. 가난한 자가 복을 받을 것이기 때문이다.

주님,
찬양하는 자로서 견딜 수 없는 참회의 마음에 섰습니다.
우리 이 시대 외롭고 가난한 젊은이들에게 찬양의 옷을 입혀 주옵소서.

이 타락한 남쪽 사회에서 교회를 다시 스승의 자리로, 가난한 자들의 이웃으로 세워주옵소서.

시대의 아픔을 가진 이주 노동자들을 돌아보게 하시고

연변을 비롯해 전 세계 뿔뿔이 흩어진 이민 사회의 가난한 떠돌이 인생들을 찬양의 옷으로 세워주옵소서.

무엇보다 저 북녘의 영혼들에게 찬양의 옷을 입혀주옵소서.

이제 그들의 가난이 우리에게 필요합니다.

우리는 결핍이 필요합니다.

주님의 영이 우리에게 필요합니다.

찬양의 옷을 주옵소서.

26

칠감

자신의 능력 외에 다른 분별의 눈을 추구하는 능력

　칠감은 오늘 아침 필자가 만든 말이지만 오감과 육감은 알려져 있다. 오감은 시각, 청각, 후각, 미각, 촉각을 말하고 육감(6감)은 오관 이외의 감각이라는 뜻으로 과학적으로 쉽게 설명되지 않는 미래에 대한 직감이나 초인적 감각 또는 직관의 세계를 뜻한다.

　다윗은 성서 속에서 이 특별한 오감과 육(6)감 외에 '칠감'을 경험하고 느낀다. 특별히 필자는 다윗이 쓴 시편을 지난 2년 반 동안 해석하고 번역하면서 그가 일관되게 추구한 것이 칠감이라는 사실에 눈을 떴다. 다윗은 그의 시의 초입부터 해결지점에 이르면 하루 중에 이 칠감 속에서 많은 시간을 보냈음을 알 수 있다. 다윗은 날마다 자신이 느끼는 평상의 능력 이외의 센서, 7th sensor를 사용하고 때로 개발하고 있다는 느낌을 지울 수 없다. 육감이 오감을 통합하고 그 이상을 유추하고 직관한다면 칠감은 육감의 상위에 있는 초월적 감각이다.

　한 가지 구별해야 할 것이 있는데 영어에 affection이 있고 feeling이 있다. affection은 애정(집착, 좋아하는 것, 사랑, 우정) 등의 감정이 주체 안에서 일어난 반응을 뜻한다면, feeling은 애정(공감, 감응력)의 감정이 주체

밖에서 일어난 반응이다. 오감이 affection의 범주에 있다면 육감과 칠감은 feeling의 범주에 있다. 다만 육감은 인간의 감각소여(sense data)의 범위 안의 감응력 교감에서 일어난 것이라면 칠감은 인간의 감각소여의 범위를 벗어나 초월적인 영역이다.

다윗은 육감으로 표현될 만한 것과 칠감으로 표현될 것을 혼동하여 쓰고 있지만 대부분 칠감을 표현하고 있다. 두 가지 대표적 시를 소개한다.

> 나는 의로운 중에 주의 얼굴을 뵈오리니 깰 때에 주의 형상으로 만족하리이다 (시 17:15)

> 하나님이여 내 마음을 정하였사오니 내가 노래하며 나의 마음을 다하여 찬양하리로다 비파야, 수금아, 깰지어다 내가 새벽을 깨우리로다 (시 108:1-2)

여기 마음을 정했다는 말은 확정했다는 뜻이다. 모든 것은 마음을 정하지 못해 고통스럽다. 마음이 정해졌다는 뜻은 모든 것을 분별할 수 있게 되었다는 뜻이다. 그렇다면 마음이 정해졌다는 판단을 육감이 한 게 아니라 칠감이 한 것이다.

6감은 개연성까지는 열 수 있을지 모르지만 마음을 확정 짓게 될 때까지 의지의 단계로 나아갈 수 없다. 육감은 아무리 그럴 개연성을 확신한다 해도 필연적 결과를 추론하는 이유가 되지는 못한다. 6감은 여전히 유추에서 끝나기 때문이다. 다윗은 자신의 상상력과 직관만으로 자신의 마음을 유도할 수 있다고 본 게 아니다.

그는 오래전부터 하나님의 칠감에 대한 감응력을 배우고 경험했다.

그의 후반부 문장의 첫 고백은 노래하는 것이다. 노래하는 자의 마음밭에 있는 것을 상상해보라. 이미 자신의 안테나에 문제 해결력을 주신 주신 자의 마음을 안 자의 행동이다.

모든 것이 통했다는 뜻이다. 이는 하나님의 클라우드와 다윗의 클라우드가 접속했다는 뜻이다. 칠감에 다다르니 그의 마음을 알고 찬송한 것이다. 다윗은 클라우드에 접속한 다윗을 의식하고 있는 하나님을 알고 있다.

그리고 자신의 영혼에게 명령한다. 예배하라, 찬양하라, 새벽을 깨우겠다. 새벽을 깨우는 건 하나님의 소관인데 어찌 다윗은 새벽을 깨우는 의지자로 명령자로 선 것일까? 하나님 마음이 자기 마음인 것이다. 하나님이 그 새벽을 다윗에게 이 새벽을 위임했다는 것을 다윗이 알고 있는 것은 놀라운 일이 아니다.

이런 이야기는 오해의 소지가 있어 언급하고 논리화하기는 어려우나 다윗의 시편은 칠감에 대해서 매우 집요하고 반복적으로 서술하고 있다. 꿈을 통해서, 찬양을 통해서, 기도를 통해서, 간구와 고통 중에, 찬양시 집필 중에 무수히 일어나고 있음을 밝히고 있다.

> 하나님이여 주는 나의 하나님이시라 내가 간절히 주를 찾되 물이 없어 마르고 황폐한 땅에서 내 영혼이 주를 갈망하며 내 육체가 주를 앙모하나이다 내가 주의 권능과 영광을 보기 위하여 이와 같이 성소에서 주를 바라보았나이다 주의 인자하심이 생명보다 나으므로 내 입술이 주를 찬양할 것이라 이러므로 나의 평생에 주를 송축하며 주의 이름으로 말미암아 나의 손을 들리이다 (시 63:1-4)

칠감에 이르는 그의 대부분 시에 나타난 출현의 경험은 위의 시처럼, 첫 번째 문제 발견(물이 없어 주를 갈망)에서 시작한다.

위 과정을 관찰해 보면, 첫째, 먼저 하나님을 호칭한다. 하나님을 아는 자가 자신의 관계자를 부르는 관계접촉 신호다. 이 신호는 자신이 하나님 앞에 누구로 기억되고 있는지 소속을 밝혀야 한다. ID를 뜻한다. 둘째, 주는 나의 하나님이시라고 선포한다. 비밀번호를 쳐야 한다. 자신이 함께 공유하고 있는 마음의 공동소유자(클라우드)인 하나님을 아는 자라면 자신이 하나님과 통하는 비밀번호를 알아야 한다. 셋째, 문제 제기. 일의 업무를 시작한다. 지금 문제가 자신에게 일어났다 한다. 이 문제는 자신의 능력 밖에서 일어난 것이고 이는 자신이 소유하고 있는 해결능력 밖에 있다고 한다. 그는 지금 자신의 능력 클라우드(오감, 육감) 안에서 주님을 찾았으나 찾지 못했으니 칠감에서 도움을 요청하고 있다. 물이 없어 마르고 황폐한 것을 문제로 올렸는데 그가 하나님의 마음(클라우드)에 청구한 내용은 물(보이는 물질의 세계)이 아니라 자신의 육체(오감)가 갈망하는 것은 주님이시고 그것은 다 영혼이 앙망하는 것(칠감)이다. 이제 물이 갈하다는 표현은 자신의 범주에서 해결할 수 있는지 찾았다는 것이고 결국 자신이 찾는 것은 일시적 해결책인 물이 아니라 주님을 앙망하는 것이었다는 것이다.

주를 앙망하는 것이 무엇인가 이는 분명 칠감의 영역에서만이 대답을 찾을 수 있다. 하나님과 공통으로 공유하고 있는 마음밭에 이르고자 하는 교통망을 뜻한다. 그는 이 교통망 안에 들어가려고 앙망하였다. 하나님의 마음이 알고 싶었던 것이다. 그가 계신 클라우드에 가까이 가기를 육체가 갈망하였고 그 클라우드에 이르는 고통 중에 자신이 앙망하는 것을 본 것이다. 자신이 칠감을 앙망하는 자임을 안 것이다.

이는 첫 번째 문제 제기, 두 번째 문제해결 방법 없음과 세 번째 하나님께 의뢰했더니 네 번째 하나님이 해결해 주실 것을 앎(칠감), 다섯 번째 찬양함으로 자신의 문제를 해소(해결이 아님)하고 감사와 영광을 올림, 여섯 번째 해결됨(다윗은 밖에서 오는 feeling에 끊임없이 집중하고 예배하고 찬양하며 묵상하고 말씀을 읽고 제사적 환경에 머뭄- 이 칠감의 영적 교감으로 모든 문제는 해결된 상태에 놓임), 그리고 칠감이 공유된 후에 일어난 문장은 아주 수려하고 유장하여 큰 울림이 있는 영광과 권위와 화려한 시구들로 가득 차 있다.

> 내가 주의 권능과 영광을 보기 위하여 이와 같이 성소에서 주를 바라보았나이다 주의 인자하심이 생명보다 나으므로 내 입술이 주를 찬양할 것이라 이러므로 나의 평생에 주를 송축하며 주의 이름으로 말미암아 나의 손을 들리이다 (시 63:2-4)

성소에서 주를 바라본 파수꾼 다윗은 하나님의 전적 의지를 확인하고야 만다. 그리고 자신의 생명이라는 것도 이미 모든 살아있는 창조물(오감, 육감)이라 할지라도 인자(칠감)보다 못한 것임을 찬양으로 선포하고 고백한다. 칠감에 교감하게 된 다윗의 삶의 목표는 오직 전 생애가 주를 송축하는 것이 자신의 남아있는 모든 가치 있는 것의 최상의 것에 두고 있다. 이는 주의 이름이며 자신의 손을 그곳으로 향하게 하겠다는 의지와 남은 생명의 진액을 다 사용하려 하고 있다.

이런 태도와 묵상의 삶은 날마다, 순간마다 기도하는 마음에서 사고하고 칠감을 느끼려 하는 태도를 지니게 된다. 순간마다 하나님의 임재를 의식하고 자신이 새벽을 깨우는 파수꾼임을 자각하며 하나님이 파수꾼 자신에게 어떻게든 세상을 향해 특별한 임무를 보낸 것을 알게 된다. 그리고 하나님의 영을 경험하여 교감하고 자신에게 위임된 명령문을 소지한다. 그리고 자신의 능력 밖에서 '절박하게 마음먹고 간구하고 애통해할 때' 하나님의 마음이 어디로 향하고 있는지 알 수 있는 자로 살고, 파수꾼 자신에게 이미 세상을 향한 어떤 역할이 주어진 것을 아는 시대의 대면자로, 하나님의 마음이 어디로 향하고 있는지 여전히 작은 마음 하나에도 순종하는 자로 산다.

> 그리하면 하나님께서 그들이 부르기 전에 내가 응답하겠고 그들이 말을 마치기 전에 내가 들을 것이며 (사 65:24)

> 내가 진실로 진실로 너희에게 이르노니 나를 믿는 자는 나의 하는 일을 저도 할 것이요 또한 이보다 더 큰 것도 하리니 니는 내가 아버지께로 감이니라 (요 14:12)

스스로 돌아보아 하나님께 기도해 보면 신자인지 그리스도인지 안다고 주께서 그리 말씀하셨다. 칠감에 오면 하나님의 마음을 아는 곳이라고 성경은 말한다.

> 사람이 하나님의 뜻을 행하려 하면 이 교훈이 하나님께로서 왔는지 내가 스스로 말함인지 알리라 (요 7:17)

칠감을 경험하는 자는 조심할 것이 있다.

여호와의 말씀이 내게 임하여 이르시되 인자야 너는 네 민족에게 말하여
이르라 가령 내가 칼을 한 땅에 임하게 한다 하자 그 땅 백성이 자기들 가
운데의 하나를 택하여 파수꾼을 삼은 그 사람이 그 땅에 칼이 임함을 보
고 나팔을 불어 백성에게 경고하되 그들이 나팔 소리를 듣고도 정신 차리
지 아니하므로 그 임하는 칼에 제거함을 당하면 그 피가 자기의 머리로 돌
아갈 것이라 그가 경고를 받았던들 자기 생명을 보전하였을 것이나 나팔
소리를 듣고도 경고를 받지 아니하였으니 그 피가 자기에게로 돌아가리라
(겔 33:1-4)

여기 파수꾼을 뜻하는 watchmen은 하나님을 의식할 수 있는 자, 그
의 책임이 하나님의 명령체계 안에 있는 자임을 전제하고 있다. 즉 칠
감 안에 있는 자라는 뜻이다. 그가 할 책임에 대해 그리고 그가 선포하
지 않음으로 인해 그리고 선포할 시기와 지역과 사람을 자신의 판단대
로 할 경우에 그 피가 자기에게로 간다고 하신다. 피를 말하고 있는 것
은 죽음을 뜻한다. 칠감을 가지려 하는 것에 만족하고 그 콩고물에 익숙
한 자(의인의 무리)가 하나님의 눈을 의식하지 못하면 (하나님의 마음이 계신
죄성에 빠진 무리) 그 피를 대신 추궁하시겠다는 것이다.

칠감을 누리는 파수꾼의 일
1. 파수꾼의 모든 능력과 함께 하나님께 참여해야 함을 뜻한다.
2. 하나님의 눈과 하나님의 말씀을 통해 최종 파수꾼에게 보인 것을
   말해야 한다.
3. 하나님의 목소리에 청종해야 한다. (성령에 인도되어 신실하게 파수꾼

이 지켜야 할 모든 실천과 충성을 통해)
4. 하나님의 호출에 즉각 반응해야 한다.
5. 파수꾼은 순례자의 열정과 힘과 기도의 힘을 가진다.
6. 살피는 일은 기도자의 삶을 향하는 영적 무기다.
7. 파수꾼은 하나님과 세상의 중재자이다.

오늘날 찬양하는 자(기도하는 자, 설교하는 자, 가르치는 자, 관리하는 자)들은 파수꾼의 능력을 갖춘 자요, 칠감을 누리고 있는 자들은 책임과 의무와 신실함으로 자신들을 보고(의식) 계신 하나님을 의식(보고)하며 살아야 할 것이다.

주님
우리로 주의 마음에 살게 하옵소서
주의 시선을 보게 하옵소서
찬양하는 무리에 속하게 하옵소서

27

안전지대

베드로가 대답하여 이르되 주여 만일 주님이시거든 나를 명하사 물 위로
오라 하소서 하니 (마 14:28)

    미국의 한인 찬양대원들이 나이가 들어간다. 지휘자인 필자도 이제 조금씩 노년을 준비할 나이가 되어 간다. 미국에 처음 유학 와 교회음악 공부 중간 정도를 끝내던 중 한 작은 미국 교회 실습을 나갔는데, 회중이 3-40명에 7-8명만이 성가대석에 앉아 함께 노인에서 더 노인이 되어 가는 성가대원들의 표정을 잊을 수 없다. 멍한 표정과 힘없는 발음 그리고 낯선 사람에 대한 친절…. 그들에게 말을 걸면 너무 좋아하여 묻지도 않은 시시콜콜한 가정사를 얘기해 준다. 미국인에게 하지 못한 말을 동양 지휘자에게 다 일러바치기라도 할 요량으로. 말년에 차곡차곡 모은 재산을 자식들에게 적당히 잘 분배하고 노후 준비를 위해 이것저것 자식들에게 손 벌리지 않고 살기 위해 각종 보험이며 이것저것 다 붙들고 산다고 말한다. 조금 아프기라도 하면 더욱 잘 오지도 않는 자식들 못 미더워 오직 믿을 수 있는 자기 분깃 붙들며 살게 된다면서…

    우리 인생의 참된 안전지대는 어디인가? comfort zone, safety zone

은 과연 있는 것일까? 인생 막판에 이 불안의 사각지대에 남은 의식엔 이 조각배를 대신할 안전지대를 꼭 붙들고 싶어 한다. 확신할 수 없는 위험한 바다에서 우리의 생명을 지켜줄 배는 우리의 안전지대임에 틀림없다.

그런데 예수는 우리를 그 배에서 나오라(Get out of your boat)고 하신다. 물론 우리는 노후를 위해 기본적인 필요를 준비하는 것에 나무랄 생각은 없다. 때때로 우리는 자신의 안전을 위해 아무것도 하지 못한다. 미래에 대한 불안은 노인에서 더 노인이 되어가는 불안보다 더 크다. 죽음에 대한 불안 때문이다. 대부분 극복할 수 있는 불안을 아예 없애버리려, 조금 더 움켜쥐고자 안간힘을 다 쓴다.

아무런 의미도 모른 채 자신의 나이 70이 넘었으니 이제 나 같은 존재가 무엇을 할 수 있을까? 스스로 독백처럼 되뇌는 말, 자신은 자신을 너무 잘 아는데 이제 더 새로울 것도 없고 그저 새로 시작할 만한 것도 없다. 그게 다 그렇다. 이런 마음에 몰래 스며들어 있는 인생 다 살아버린 노인의 이야기에는 묘한 사탄의 허망, 냉담이 자리 잡고 있음을 알 필요가 있다.

조숙한 젊은이들도 이런 허무에 빠진 무리가 많이 있고 이런 무능력의 매력에 빠진 음악도 판을 친다. 슬픔과 유연한 허무적 낭만이 속삭이는 예술과 정신사조를 물들여 젊은이들과 60년대의 한 시대에 영향을 준 무아지경의 세대들이 이제 노인이 되어간다.

그러나 그리스도인에게 있어 죽음은 매우 적극적인 포인트이며 새로운 삶을 안내하는 문이다. 우리는 다음 세계를 기다리며 앞서간 선배들의 진정성을 따라간다. 그러나 여전히 다 가지 않은 세계에 대한 미련과 아쉬움과 불안 때문에 모두 다 쥐고 놓지 못하는 마음에는 사탄의 장난이 숨어 있다.

예수는 너의 보트에서 나오라고 하신다. 안전한 보트는 너의 다음 여정을 방해한다고, 이 속성은 마지막까지 하나님을 알지 못하게 한다고 말씀하신다. 우리의 안전지대에는 무엇이 있는가? 자식, 재산, 집, 웰페어, 각종 보험, 각종 건강 관련 제도와 누군가의 간호를 보장받은 장치들.

주님의 나라의 삶의 방법은 49년이 지나면(희년) 모든 소유는 원래 가지고 있었던 분(하나님)께 드리라고 하신다. 성경은 유산 상속을 허락지 않으셨다. 특별히 땅에 관한 한 "주께서 인간에게 한시적으로 주셨다"라는 희년 개념을 주셨다. 봉건제를 인정하지 않으신다. 물론 자본주의의 자유도 인정하지 않으신다. 더군다나 자본의 소유를 국가와 이념을 창조한 인간이 통제하는 공산주의는 인정하지 않으신다. 영원히 세습하여 지위를 유지하는 부의 세습, 노력의 세습, 인품의 세습, 지위의 세습 등을 인정하지 않으셨다.

또한 49년이면 이제 퇴직해야 할 나이인데 노후 문제를 가족과 공동체의 인격과 수고와 배려에 맡기셨지 스스로 준비하라고 하지 않았다. 자식을 남이라고 생각하는 서양 사람들의 개인주의 문화는 사실 기독교 문화가 아니다. 인간에게 부여한 자유 안에는 함께 연합함을 위해 자발적인 아름다움의 의식을 주셨지 냉담한 자기주의를 세워 딴 살림 차리라는 뜻이 아니다. 부모와 자식 간에 주고받아야 할 아름다운 승계를 평생 배우고 익혀야 할 관계로 보셨다. 오히려 동양적인 문화와 비슷하다. 생명을 나누는 자와 주고받는 것을 아름답게만 보셨다.

하나님께서는 49년이 되는 해와 그 이듬해 두 해에 땅을 쉬게 하고, 땅에서 저절로 난 수확물을 나그네와 이방인들도 가지고 갈 수 있도록 하고, 농사를 짓지 말고 쉬라고 하시고, 그해 7월 10일 칠칠절에 나팔을 불고 모든 종들과 그 소유와 땅을 원래 주인(하나님이 각 지파에게 준 원소유자)에게 돌려주라고 하신다. 희년은 가진 자들에겐 매우 걱정스러운 일이다. 어떻게 얻은 것인데 그냥 돌려주라고 하시나? 이스라엘 백성들은 이 희년을 잘 지키지 못했다고 듣는다. 쉽지 않은 제도이다.

하나님은 우리 삶에 희년을 주어 스스로를 아주 잘 감찰하도록 하셨다. 젊어서 청년을 지나 장년을 넘어서는 지점에서 너의 처음을 창조한 하나님의 영을 다시 세우라고 하시니 말이다. 먹고 사는 일에서 떠나 이제는 너의 전부를 다 돌려주라고 하시니 이게 무슨 말인가? 하나님의 사역에 종사할 나이가 되었다는 말이다. 그러니까 지금부터 천국 갈 준비를 하라는 말이다.

우리에게 최대 유산이 무엇인가? 우치무라 간조는 『후세에의 최대 유물』이라는 책에서 '그리스도인들이 남길 것은 무엇인가?' 하며 일본 젊은이들의 피를 끓게 하였고 그의 성경공부 모임에서 수많은 훌륭한 그리스도인들과 대학자들을 배출하였다.

돈 버는 일, 사업, 가르치는 일, 글쓰기, 하지만 아무나 할 수 있는 일이 아니고 많은 폐단과 나쁜 결과를 내기도 한단다. 그러면 어떤 일이 이 생애에서 모든 이들에게 권할 만한 것일까? 그는 '고상하고 용기 있는 생애'를 권했다. 좋은 하나님의 나라를 이 생에서 실천하는 일이란다.

우리에게 찬양대의 남은 사명은 무엇이어야 할까? 앞으로 10년 뒤에는 찬양대가 없어질 것이라고 염려하는 이들이 많아졌다. 하나님께서 만약 찬양대가 영원히 거기 있어야 한다고 말하고 싶으시다면 무엇 때문일까? 노인 병원을 만드는 일인가? 물론 중요한 일이고 아주 잘해야 할 일이다. 그리고 또 무엇일까? 공기 좋고 살기 좋아야 한다. 그리고…?

난 이 대목에서 이렇게 꿈을 꾼다.

이곳에 오면 모든 분들이 그리스도인으로 살게 되고
자신의 모든 소욕들을 분해하여 참 자아를 얻게 되며
그리스도인이 되면 모든 자가 형제자매가 서로 힘을 주고 얻으며
마지막 세상에게 주어야 할 사명을 위해 자신의 모든 것을 넘겨주는 자가 되는 찬양대.
매일 삶의 기쁨의 축제가 일어나는 찬양대.
너나 할 것 없이 다들 먹고 사는 문제에서 벗어나 나눔이 기쁨이 되는 찬양대.
서로의 부족함이 오히려 힘이 되게 하는 찬양대.
재산의 많고 적음이 아무런 장애를 일으키지 않는 교제가 일어나는 찬양대.
나이의 많고 적음이 그리스도의 삶을 이루고 펴가는 데 아무런 장애를 일으키지 않는 찬양대.
심심풀이 취미와 동네 모임터를 극복하는 찬양대.
시련이 있는 찬양대.

이 찬양대(찬양팀)를 통해 수많은 젊은이들이 그리스도인으로 살기로 작심하는 교회.

이 찬양대(찬양팀)를 통해 수많은 영혼이 가슴을 앓는 교회.

이 찬양대(찬양팀)를 통해 수많은 예언자가 다시 예언하게 되는 교회.

이 찬양대(찬양팀)를 통해 수많은 선교사가 쉼을 얻고 도전받고 다시 선교지로 나가게 되는 교회.

이 찬양대(찬양팀)를 통해 수많은 없이 사는 자들이 부지런해지는 교회.

이 찬양대(찬양팀)를 통해 수많은 비그리스도인들이 교회를 욕할 수 없는 교회.

이 찬양대(찬양팀)를 통해 수많은 지식인들이 자신들의 생각을 다시 하게 하는 교회.

이 찬양대(찬양팀)를 통해 수많은 학생들이 자신의 전부를 드려 가장 중요한 삶의 목적을 알아가는 교회.

이런 찬양대(찬양팀)와 교회가 되려면 우리는 모두 다시 회개하고 자신의 보트에서 주께 매달려 나올 수 있게 해달라고 기도해야 한다. 그리고 아주 작은 일부터 눈물로 섬겨야 한다고 믿는다. 지금까지 소수의 사람이 진행하는 예배에 참석하고 구경만 하는 자들이 하나님을 만나야 한다.

스스로 돌아보아 하나님께 기도해 보면 신자인지 그리스도인지 안다, 주께서 그리 말씀하셨다.

오 주님,

우리 교회와 찬양대(찬양팀)를 회복하여 주옵소서.

주님께 좋을 것입니다.

저부터 변화시켜 주옵소서.

28

찬양자가 가보아야 할 특별한 다른 세계

두려운 마음으로 주님을 섬기고, 떨리는 마음으로 주님을 찬양하여라 (시 2:11, 새번역)

이 한 줄이 선포하고 결론을 맺는 시점에 온 여정에는 다윗의 이루 말할 수 없는 기쁨과 감사와 놀라움과 크나큰 주의 인자하심으로 가득 차 있다. 살펴보자. 다윗은 자신이 하나님과 어떤 관계를 이어왔는지 아주 실제적인 경험에 대해 이 시의 90%를 사용한다. 하나님이 자신을 찾아오고 자신을 일러 '내 아들이라 오늘 내가 너를 낳았도다'

그래서 넌 내 아들 삼은 것이며 축복하신 일에 대해 소상히 밝힌다. 그런데 다윗의 적들은 자신에게 오신 하나님의 실체를 알지 못해 우스꽝스럽게 자신을 공략하는 바보 같은 짓을 한다고 기술한다.

다윗은 자신이 전쟁을 잘한다거나 능력이 많다거나 병사가 많다고 자랑하는 게 아니다. 자신에게 찾아오신 하나님에 대해 자랑한다. 그분으로 인해 자신은 자신의 능력을 상회하는 다른 차원에서 온 존재에 대해 자랑한다. 그가 할 수 있는 것은 전선에서 자신의 능력이 아니라 찾아오신 분의 능력 안에서 명령받은 심부름이나 할 뿐이다. 적들이여 나를 대신한 이를 두려워하라고 한다. 그리고 자신의 백성들에게 이 말을 고한다. '두려운 섬김, 떨리는 찬양' 구호를 외치듯 발표한다.

섬기고 찬양하는 것이 하나님 백성이 하여야 할 가장 중요한 두 기둥이요 두 기둥을 바로 세우는 데 필요한 두 덕목이 두려움과 떨림이라는 것이다. 두려움은 히브리어로 'yare(야레, 경외)'요 떨림은 'rad(흔들림)'이다. 두려움은 매우 영적인 자기 점검으로 시작하지만 떨림은 하나님의 존재 앞에 선 자의 놀라움의 반응으로 마친다. 시작은 자기 영적 침묵과 깊은 인도하심에 대한 점검에 초점이 있다면, 끝은 하나님의 존재를 향한 흐느낌에 있다. 놀라움의 신체적 반응으로 물리적으로 육체적으로 시각적으로 매우 흥분된 표현을 사용한다. 하여 결국 멈춤이 불가능한 떨림으로 찬양하게 된다고 고백한다. 두려움은 다소 눈에 보이지 않지만 떨림은 눈에 띈다. 두려움은 영적 이끌림의 어렴풋한 마음이지만 떨림은 즉발적이고 표현적이며 겉으로 확연히 드러난다. 두려움은 떨림을 일으킨다. 두려움이 시작되고 주의 존전에서 동행하지 않는 마음은 가짜로 떨어야 한다. 가짜로 떠는 것은 푸닥거리다. 하지만 떨림이 일어나려면 두려움에서 시작해야 한다. 스스로 마음잡음 없이 두려움 없고 외적인 충격 없이 즉발적 떨림은 일어나지 않는다.

찬양자는 매우 영적으로 예민한 순간에 놓여있다. 두려움은 인간이 가진 가장 섬뜩하고 가장 무겁고 파급력과 항존성이 높은 감정이다. 흔히 두려움은 '무섭다'로 이해하기 쉽다. 그래서 가능하면 이런 감정에 사로잡히길 싫어한다. 하지만 두렵다는 야레의 진정한 뜻인 '엄청난 무엇이 실재한다'는 초월적 감정이다. 이 초월적 감정과 익숙해지려면 그 하나님의 만남 없이는 불가능하다. 두 가지는 하나로 묶여 있다. 하나님을 한번 본 자는 두려움, 엄청난 무엇이 실재하는 느낌을 가지고 있다. 이런 마음이 찬양자를 떨게 하는 것이다. 떠는 것 또한 무서워서 떠는 게 아니라 '멈출 수 없는 격한 감응'에 대한 현재적이고 즉발적인 표현이다.

하나님은 오늘도 당신의 사랑하는 백성들에게 자신을 느끼는 그 순간을 즐거워하신다. 그가 오늘 마음을 바꿀 수 있는 인간에 있는 아름다운 재료들을 사용하는 순간에 있음을 아시기에 이 순간을 행복해하신다. 하나님을 만나고 변하지 않을 사람이 없다. 하나님은 언제나 자신의 임재를 누구에게든 기꺼이 저렴(?)하게, 값없이 보이시기를 즐거워하신다.

찬양자의 마음에 가장 가까이 하나님이 계신 이유는 하나님은 찬양자의 마음을 움직이고 싶어 하신다는 것이다. 그분이 가장 그분의 마음을 찬양자의 마음에 쉽게 나타내실 수 있기 때문이다. 하나님은 감정이시다. 필자가 그렇게 생각하고 주장하고 믿는 게 아니다. 하나님은 우리에게 밖에서 오는 감정이시라는 것이다. 우리가 자기 기분에 느끼는 분이 아니다. 떨림을 다윗의 이 마지막 선포의 말에 드러낸 이유다.

찬양은 떨림이시다. 그것이 하나님을 목격하고 몸에서 전체로 일어난 외적 사건이다. 찬양은 온몸에서 일어나는 즉발적 자기 반응이다.

주님,
다시 두려움과 떨림 앞에 섰습니다.
다시 두려움을 일으켜 주옵소서.
두려움을 느끼게 하옵소서.
주님을 느끼게 하옵소서.

29

찬양대의 준비성

무엇이 영감 없이 찬양하게 하는가? 여기에서 몇 가지 찬양으로 더 딘 마음을 일으킬 몇 가지 행동에 대해 얘기하고자 한다.

찬양대의 아침 연습 시간은 참 정신이 없을 때가 있다. 음악의 현장에 참여하는 것인지 찬양에 파수꾼의 긴장이 넘치는 것인지 모르나 찬양대원들과 지휘자는 주어진 시간 동안 언제나 그렇지만 주일 날 그날부를 음악 작업에 정신이 없다. 한참 그 부분들을 시간에 쫓겨 정신없이 연습하다 보면 거기를 왜 그렇게 고쳐야 하는지 목적이 없어져 버린다. 마음에 흐르는 전격적인 선포와 감격은 어디 가고 없다. 그저 정신없이 목수가 목재를 조립하듯 부분부분 어디에 빠져있다. 그리고 보다 큰 감격의 서정을 놓친다. 이렇게 되는 이유는 다 연습이 구조적으로 이루어지지 않아서이다.

영감 있는 찬양

주일 당일 연습곡은 언제나 영감 어린 연습과정에서 나온다. 찬양대(찬양팀)는 재미와 즐거움과 완성도만을 위해 달음박질하는 그림 맞추기 게임이 아니다. 그러므로 주일 전에 파트 연습(악기와 싱어의 사전 준비)과 리듬과 가사에 대한 프레이징을 어떻게 형상화할 것인지 준비가 다 되어있어야 한다. 그래야 주일 날 당일 아침에 곡을 처음 부를 때 이미 익숙함과 원숙함으로 완성도의 초입에 닿아 있어야 한다. 문제는 대원의 수가 많은 찬양대(구성이 많은 찬양팀)이거나 주일 날만 연습하는 찬양대(찬양팀)는 찬양(팀원)대원의 구성원이 악보 독보능력의 유무와 상관없이 문제투성이로 부르게 된다. 반복되는 부조화 때문에 주일 아침에는 그 날 완성되지 않은 찬양의 마무리 작업에 집중하느라 멀리 보는(깊고 신령한) 찬양은 못 하게 된다. 물론 대원들의 자질과 관련이 있을 수 있는데 이 문제는 다음 장에 더 깊이 다루기로 하자.

이것이 반복되면 그 예배에 임하는 회중들의 반응은 이미 냉담해져 있다. 대원(팀원)들과 지휘자(리더)만 모르고 지나간다. 자기들끼리 좋아서 모이는 모임일 뿐 예배의 두려움을 모르는 매우 안타까운 일이다. 쉽게 고쳐지지 않기에 회중들이나 예배 위원들이 이미 미래의 예배까지 뻔한 찬양일 것으로 포기한다는 걸 아는가? 마무리가 나쁘다거나 리허설 테크닉을 잘해야 한다는 이야기가 아니다. 연습의 단계에 하나가 빠지면 음악적인 처리만 하다 완성도 있는 영적 지향점으로 향하는 언덕을 넘지 못한다는 것이다.

영감이 없는 찬양, 무엇이 문제인가?

날것의 신비

찬양의 설것이 지닌 새로운 느낌과 영적 긴장이 있다. 지휘자(리더)가 그날 부를 찬양에 대한 새날을 맞는 마음가짐과 새로운 영감 어린 환하고 진중한 얼굴로 준비하지 않은 채 연습 전반에 그저 연습시키러 온 사람이나 무뚝뚝한 작업반장처럼 대원(팀원)들을 대한다면 대원(팀원)들의 영적 긴장은 일어나지 않는다. 지휘자(리더)는 그날 상기된 얼굴과 함께 영적으로 충만함이 넘쳐나야 한다. 물론 쉽지 않다. 이것이 쉽지 않다고 판단한다면 그날 찬양에 대한 음악적인 것 실무적인 일 등은 그 전날에 마치고 적어도 연습 전에 집에서 출발하기 전 최소한 40분 이상 당일 날 아침에는 말씀을 찾아 깊이 묵상하고 기도문을 작성하고 마음을 모으고 마치 의식을 행하듯 무릎을 꿇고 간절히 그날의 예배와 찬양을 주께 아뢰는 퍼포먼스를 해보기를 권한다. 이는 주께서 이미 마음과 몸과 영이 하나인 것을 가르치셨다.

지휘(리드싱어)는 몸과 영과 상기됨(성령의 발홍)이 한꺼번에 나타난다. 가장 집중해야 할 것은 앞서서 지금까지 반복해서 언급했던 두려움의 서정이다.

두 번째의 경우는 최소 10분 이상 지금껏 연습했던 과정에서 일어난 작곡가의 음악적 형상감과 작사자의 의도를 충분히 공감하도록 대원(팀원)들이 귀로 읽고 들음을 노래해서 반복해서 일어나는 음악적 언어를 생각한다.

만약 단 하나의 제스처(분위기)로 이를 표현한다면 그것이 무엇인지 거울 앞에서 자신의 지휘(노래하는 얼굴)를 시도해 본다. 단 적당한 표현 언어와 제스처(분위기)를 쉽고 독특하게 한 가지 모둠언어(프레이징)로 단순화할 수 있어야 한다.

지휘와 노래하는 자의 교감력

지휘자(리더)가 대원(팀원)들을 인위적으로 가르치려 하거나 잘되지 않는 것을 우스꽝스럽게 보는 태도는 노래하는 자의 긴장의 교집합을 해친다. (자신의 연습 과정을 녹화해서 수시로 체크하지 않으면 자신의 표정과 이야기가 지닌 문제를 볼 수 없다)

가사가 나타내는 영적 합의점을 제시하지 않을 때 음악의 나열만 일어난다. 이를 고치는 방법을 제시해보고자 한다.

체크 리스트

주일 아침에 대원(팀원)들과 지휘자(리더)가 합의한 시간 안에 얼마간 완성도가 이루어질지를 예상하지 않은 선곡이나 곡 길이와 난이도, 솔리스트나 악기와 리허설 시간 등 모두를 고려하지 않으면 안 되지만 이번 주제는 주일 아침 주어진 시간 안에 어떻게 음악의 완성도를 높이고 영적 공감대를 대원들과 극대화할 수 있는지 알아보려는 것이기에 간단하지만 꼭 리허설 중에 의도적으로 설치할 것들에 관해 얘기하고자 한다. 주일 연습 과정의 6단계 설계도는 아래와 같다. 이 설계도는 찬양대를 중심으로 짰지만 찬양팀도 대부분 큰 줄기에서 같다.

연습 시간 6단위 연습 과정

과정	시간 배율	제목	연습과정	비고
1	1단위(1/6)	악보리딩	박자와 가사, 선율, 음정, 화성 익히기	초견
2	1단위(1/6)	기초공부	리듬 선율 음정 익힘(자기 공부 포함)	파트연습 중점(나누어서 연습)

3	1단위(1/6)	하모니	화음을 익힘(함께 공부)	화성 중점(반드시 모여서 다른 파트와 co-work)
4	1단위(1/6)	톤 조율	화성에 톤을 입히고 반복하고 전체적 느낌 훈련	호흡 기초 톤 익히기
5	1단위(1/6)	프레이징 영성	가사의 패턴 외우기(절과 후렴) 가사와 느낌 하나 되기	가사와 느낌 익히기
6	1단위(1/6)	영과 선율과 표현과 하나 되기	단지 표현과 연습생 발표회에서 표현자 중심으로 옮겨감. 찬양과 찬양자 일체	토털 하나 되기

이 연습과정 체크 리스트는 당일 날 아침이건 한 달 전이나 한 주 전에도 똑같이 체크해야 할 활동과 목적과 이유가 있다. 이 목적을 시간 단위로 나누어서 하되 준비가 된 단계는 곧 끝날 것이고 잘 안 된 단계는 시간이 걸리겠지만 주일 당일에는 어느 한 가지 단위에 너무 많은 시간이 들어가지 않도록 배분하되 전체적인 흐름과 톤과 영성에 초점을 맞춰야 한다.

그러므로 연습에 바로 들어가 이건 이렇게 하고 저건 저렇게 해야 한다고 하기 전에 어떤 inspiration 하나를 던져줄 예제를 제시한다. 이 예제는 상상의 상기물이(inspire) 되어야 한다. 전체적인 분위기를 가지려면 그 날 지휘자(리더)의 옷 색깔이나 넥타이 또는 표정이나 영적 태도 등 모든 것이 대원(팀원)들에게 영향을 미친다는 걸 잊지 말아야 한다. 주일 연습이 있기 전 주일 아침이건 하루 전날에 지휘자(리더)는 지난주 연습할 때의 문제점들을 고려해서 주일 당일 연습 스케줄을 따로 짜야 한다.

당일 연습 스케줄 짜기

이미 6단계의 연습과정을 잘 마쳤든 미진하든 그날의 찬양 퍼포먼스는 많은 항수가 있다. 제일 중요한 것이 영적인 초점을 만들어 내는 것임을 이미 밝혔다. 두 번째는 가사와 대원들의 마음가짐이 하나 되는 시간이 필요하다. 그래서 낭송이 꼭 필요한데 낭송이 의례적인 연습과정이 아니라 어떤 의식처럼 대원들 모두를 집중하도록 해야 한다. 이를 잘 해내었다면 전체의 흐름에 맞춰 여러 번 반복해서 연습하는데 연습을 반복할 때마다 그 이유와 목표를 하나씩 나열해 시키면 점점 더 좋아지는 걸 알 수 있다.

3개월 연습 매뉴얼

곡을 오랫동안 대원들이 접해보는 경험은 매우 중요하다. 따라서 매주일 6주의 곡을 다루어 보는 것이 중요하다. 시간이 충분하다면 가능한 한 더 늘리는 방법도 좋다. 필자의 교회에서는 8주 전부터 연습한다.

매주 연습 매뉴얼

순서	시간	악보 익히기	음정 박자 리듬	화성	프레이즈 톤	가사와 영성	익히고 마무리
1	1단위	6주 뒤의 것	○				
2	1단위	5주 뒤의 것		○			
3	1단위	4주 뒤의 것			○		
4	1단위	3주 뒤의 것				○	
5	1단위	2주 뒤의 것					○
6	1단위	1주 뒤의 것					

주중 연습이 합의된 찬양대라면 아주 좋은 찬양대의 조건을 갖춘 것

이다. 주중 연습이 없는 찬양대는 지휘자의 찬양선곡에 영향을 준다. 주일 연습만으로 연습의 완성도가 끝나는 짧고 쉬운 곡이어야 하기 때문이다. 아니면 1년 52주의 곡을 절반으로 줄여 26주 곡만 연습하고 두 번 반복하게 하는 방법이 있다. 나쁜 점은 한번 해본 곡을 더 정교하게 하려고 노력하지 않는 경향이 있다. 높은 완성도를 추구하지 않는 경향은 쉬운 곡이나 짧은 곡도 금방 한번 불러본 느낌만을 줄 수 있다. 조심할 일인데 기본적으로 연습량이 부족하면 대원들도 깊은 영적 연대감을 나누지 않게 되고 친밀 집단이 되기 쉽다.

찬양대원들이라면 독보력이 기본적으로 가능한 구미 찬양대원들도 대부분 목요일 2시간 주중 연습이 있다. 이상하게도 한국교회는 대원들의 의견이 지휘자의 음악감독 권한을 상당히 침범하고 있어서 지휘자와 대장의 순서도 늘 바뀌어 있고 리더십도 평신도가 음악감독권을 가지고 있다. 관리자 중심의 교회와 예배자 중심의 교회 차이인 듯싶다. 지휘자가 교회의 관리적 영향력을 갖는 걸 관리자 중심의 교회에서는 원하지 않는다. 매우 잘못된 경영관이다. 지휘자는 대원들을 통해 그의 리더십이 세워진다면 그 시점부터 관리자 권한을 주어야 자체적으로 성장한다. 지휘자(리더) 평가는 일정 기간 후에 하고 재신임하면 된다. 하지만 찬양대 대장이 바뀔 때마다 처리하는 방식과 수준과 규모와 목적이 바뀌는 것은 장기적으로 교회에도 찬양대에도 좋지 않다. 지휘자가 자주 바뀌는 것은 그들의 평생직장처럼 여길 수 있도록 만들어주지 못하기 때문인데 그것을 모르기에 문제가 늘 생긴다.

주중 연습 매뉴얼

순서	시간(분)	악보 익히기	음정 박자 리듬	화성	프레이즈 톤	가사와 영성	익히고 마무리
1	15	12, 11주 전	O				
2	15	10, 9주 전		O			
3	15	8, 7주 전			O		
4	15	6, 5주 전				O	
5	15	4, 3주 전					O
6	15	2, 1주 전					

주일 당일 반드시 점검할 것을 요약해 보자.

가사 낭송

반주와 대원 간에 음정 리허설을 하기 전에(음악을 연주하지 말고) 가사를 천천히 읽고 모음과 뜻을 묶어 대원들 모두 있는 자리에서 잠시 침묵하고 선포하듯 연극적 낭독으로 멀리 보내는 연습을 해야 한다.

찬양곡 가사 처음부터 끝까지 다 하면 좋겠지만 필자의 교회 찬양대는 일주일에 3시간 30분의 시간만 사용하는 경우라, 시간을 긴축하고 효율을 높여야 할 때는 가장 극적인 음악적 전개와 극적인 가사가 시작되는 부분을(음악 프레이징이 연결되는 지점부터 파국까지) 집중하여 읽게 하고, 몇 명에게 시험 삼아 읽어보도록 하여 모든 사람이 듣게 한다.

이때 특정한 한 명이 시연하게 하고 곧 모두 따라 하게 한다. 두세 명을 그렇게 하면서 가장 잘한 사람이 누군지 조심스럽게(비교하는 듯한 느낌을 주지 않으면서) 묻는다. 누가 더 연극적 요소들을 가지고 침묵과 여유로움과 느낌을 가지고 낭독하게 했느냐고 질문한다. 어느 한 명이 가장 잘했다 한다면 그 사람이 다시 하게 한 뒤 전체가 따라 하게 한다. 다 같이 따라 할 때 특별히 잘했다고 느끼는 또 다른 사람이 있다면 그에게 시연하게 하여 모두가 듣게 한다.

그리고 프레이징이 있는 음악을 입혀서 첫 음만을 주고 반주 없이 노래하게 한다. 가사에 음악이 입혀질 때 가사가 먼저 우위에 있어야 함을 이야기한다. 반주와 지휘자가 전면에 서기만 하면 똑같이 연습하는 노래쟁이들처럼 돌같이 굳어진 창법으로 돌아가는 경향이 있는지를 살펴라. 이를 지휘자가 눈치채지 못하면 돌 같은 창법을 더 굳혀버리는 연습을 내내 하게 한 것이다. 조심스럽게 자신이 하고 있는 찬양대의 리허설을 녹화해보면 잘 알 수 있다. 지휘자의 표정을 찍는 카메라와 그 반대편의 대원들 표정을 함께 녹화해 동시에 보아야 효과가 있다.

지휘자는 이처럼 가사가 되뇌어질 때 살아나는 낭송의 미학이 있다는 것을 알아야 한다. 음악은 사실 낭송의 확대에 속하기 때문이다. 좋은 작곡가는 낭송의 미를 자연스럽게 끄집어내어 큰 음악의 회오리를 입히는 작업일 뿐이다. 가사가 드러나지 않는 찬양곡은 오랫동안 입에 남지 않는다.

지휘자나 대원들 모두 이 가사가 마음에 소리로 울림이 되는 침묵의 시간이 필요하다. 몇 분의 시현과 찬양대 전체 응창이 끝난 후 몇몇 그룹을 나누어 서로 바라보고 말하게 하고 느끼게 하고 외치게 하고 그 소리를 다른 그룹이 채점할 수 있도록 함께 듣고 감상하게 한다. 자꾸 하면 이 시간에 큰 은혜가 있다. 스스로도 노랫소리와 가사 간의 긴밀한 느낌이 있음을 깨닫게 된다.

사실 처음엔 연극적 낭독으로 해도 음악이 함께 가기 전까지는 가사가 쉬 들어오지 않는다. 하지만 이렇게 했을 때 음악과 함께 연습이 완성되어갈 때 처음의 가사낭독에서 피워졌던 영험이 놀랍도록 연결된다.

이렇게 가사만으로 몸과 느낌을 샤워하는 시간이 꼭 필요하다. 가사는 작사가의 내면의 고백이 담겨있다. 또한 작곡가의 내면에 가사 느낌을 음악으로 형상화하려 깊이 고민한 흔적을 선율과 화성과 리듬과 아티큘레이션 곳곳에 작곡가의 적용된 마음이 곡에 놓여 있다. 이 모두를 함께 소통해야 한다는 것이다. 물론 연주자(지휘자)는 작사 작곡자의 형상을 충실히 자기화해야 한다. 스스로 자신의 색깔로 만들지 못하면 청중의 마음밭에 놓여있는 흩어진 느낌을 하나로 모을 수 없다. 좋은 찬양은 아주 작은 소리로도 청중의 마음을 빼앗는다.

톤

- 일관성 있는 톤의 구축

낭송을 하면서 또 한 가지 주의할 점은, 찬양의 전체적인 톤과 프레이징 톤을 구별하는 것이다. 모든 음악은 프레이징의 톤을 통해 설득된다. 선율이건 화성이건 톤의 일관성은 흐름과 조직을 충실하게 느끼게 한다.

- 일반적인 톤

일반적인 프레이징 톤을 조정하려면, 지휘자가 주의 깊게 들어보면 알겠지만 한국인들은 소리를 낼 때 '아'와 '우'와 '이'를 구강 앞쪽에 붙여서 밀어내기 때문에 후두에서 나오는 자연스러운 복식호흡들이 이 보킹(아래에서 위로 스윙하듯이 몸통의 울림이 후두를 거쳐내는 소리, 자연스러운 오버톤-배음-이 나옴)으로 낼 때, 아무런 영향을 미치지 못하는 경향이 있다. 결국 입안에서 움츠려서 내팽개치게 하고 굳이 모음을 입안에서 한 번 더 고집하여 발음하려는 경향은 결국 음의 굳어진 밝기와 톤을 획일

화하며 구분 지으려 하기 때문에 혀가 자유롭지 않으며 인위적인 발음 특성을 굳히고 만다. 이런 결과 때문에 아와 우 사이의 중간 모음이나 우와 이 사이에 중간 모음을 하지 못한다. 설사 한다고 해도 자연스럽지 않고 인위적으로 입술과 구강을 움직여 고정하려는 경향이 있다.

'아'는 한 가지 '아'만의 밝기와 울림지점만을 가지려 하기 때문으로 아시안 사람들에게 정형화되어 나타난다. 좀 심한 나라가 있는데 베트남인이다. 이들은 소리를 좁게 코와 인중 밖으로 밀어내기에 콧소리와 파리가 날아다니는 듯한 날겉소리로 의미를 전달한다. 이들처럼 한국인들도 이런 류의 구강발음구조를 크게 다르지 않게 고집한다고 보면 된다.

고칠 점은 아래턱을 열고 아래턱과 위턱 사이를 자유로이 열어놓고 복식호흡에서 이보킹 소리가 나도록 해야 한다. '우'와 '이'를 반복해서 하는 스케일을 만들어 연습한다. 다음과 같다. 이 스케일은 타피올라 합창단 초대 지휘자가 만든 것인데 그가 바이올린 주자임에도 톤을 일관성 있게 하는 모음 조정이 가능하다는 걸 알고 있다.

JOIKU no 3 (KAUTO KEINOON)

타피올라 합창단 발성 스케일 1

타피올라 합창단 발성 스케일 2

　기본적인 음정과 리듬공부를 하고 가사를 발음할 때 호흡과 톤을 일치시키는 것을 맨 나중에 하지 말고 두 번째 단계에서 시작하라고 권해본다. 대부분 가사가 입에 걸리기 시작하면 톤을 고치기 어렵다. 처음부터 프레이징 속에서 전체의 톤을 연결시켜 발음하게 하고 그 발음에서 나오는 느낌이 음악과 연결되게 하는 것이 좋다. 톤을 내는 단계에 필요한 재료는 두 가지다. 하나는 밝기이고 다른 하나는 테시투라다. 밝기는 전개부분과 대단원 부분 그리고 파국으로 나누어 볼 때 세 가지 톤을 미리 정한다. 보통 1에서 16까지 어둠을 1로 해서 밝음을 16까지 벨로시티를 정하고 보통 곡이면 8 정도에서 시작한다. 좀 비중 있는 묵직한 곡이면 5에서도 시작할 수 있다.

　이렇게 톤을 정하자 하고 그 톤의 밝기를 요구하여 일관된 소리가 나기 시작하면 그동안 밝기를 고려하지 않고 부르던 찬양대원들은 당황한다. 어떻게 해야 5가 되는지 또는 7이 되는지 구분하지 못한다.

　또 톤이 너무 밝고 비브라토가 심한 소프라노, 높은음이 난다고 으스대듯 크게 부르는 테너, 너무 어둡게 내는 것을 무슨 마법의 도구처럼 마초 같은 소리를 내는 베이스, 별 의미 없이 그저 지나가는 소리를 내려는 알토들의 톤들은 전체의 소리를 배합하는 데 장애요소다. 자기 소리가 그리 밝거나 튀거나 어둡거나 무의미한 것을 모르고 듣는 귀를 닫은 채 자기 소리에만 집중하니까, 전체 속에서 자신의 톤이 잘 배합되고 있는지 아니면 아주 부적절한지 구분하지 못한다. 이게 다 듣는 훈련을 하지 않아서 그렇다. 음정과 리듬은 소화하는데 듣는 귀가 없는 사람들이 찬양대에는 아주 많다. 이웃을 돌아보지 않는 한국의 개신교인들과 똑 닮았다.

테시투라와 톤 색감을 통일하기 위해서는 먼저 두 가지를 훈련해야 한다. 소리의 세기를 균형 있게 내는 것이다. 벨로시티 8이 무엇을 의미하는지 지휘자는 음색의 밝기를 시연해 보여야 한다. 너무 밝은 것과 어두운 것을 다 보여주고 8이 어느 정도인지 보여주면 무난하다. 중요한 것은 이 톤을 곡의 전개와 대단원까지 지속적으로 흐름 속에서 유지해야 한다는 것이다. 톤이 정리되면 의외로 음정이 더 정확해지고 대원들의 집중력도 좋아진다.

테시투라는 음역이라는 뜻인데 그 톤을 낼 때 호흡과 호흡의 발현지점인 플레이스먼트(placement)를 어디에 두는가에 대한 높낮이 공감의식이다. 예를 들면 테시투라를 높이 두면 소리는 되바라지고 낮게 두면 정숙해진다. 평상시 말을 할 때도 복식호흡을 사용하는 서구인들은 노래할 때 자연스럽게 테시투라를 어느 위치에 고정시킬지를 안다. 여기서 플레이스먼트는 한국말로 번역하기가 어려운데 골프를 칠 때 스윙이 일어나는 자전구심 원점을 의식하는 안정감을 일으키는 자리이다. 그 자리에 기대거나 그 자리를 의식하면 스윙이 안정감을 주고 그곳에 집중할 때 스윙이 자연스럽고 힘이 일어난다. 힘을 빼기 위해서는 플레이스먼트를 의식해야 가능하다. 노래하는 모든 호흡 행동은 플레이스먼트에 의지한다. 이를 의식해야 소리의 울림과 공명과 소리를 모으는 작업과 흐름과 이완과 긴장을 자유자재로 초점을 가지고 노래할 수 있다. 노래 잘하는 이는 플레이스먼트 사용을 잘하는 자이다. 이 단계를 톤의 조정

시간으로 정하되 너무 지나치게 많이 연습하는 건 가사에 집중하는 시간을 방해한다.

복식호흡

찬양 당일 날 대원들에게 복식호흡을 가르치는 일은 무모한 일이다. 하지만 복식호흡이 가능하지 않은 대원들이 20%가 넘거나 그 이상이라면 그날 복식호흡을 연습하지 않거나 강조하지 않는 주일에는 강조점이 있는 표현이 필요한 프레이즈에 소리가 거칠어진다. 울림의 크기가 커지는 게 아니라 파열음이 커지기 때문이다. 아주 짧은 시간만 허용한다면 한 프레이즈를 예로 들어 한 번쯤 반드시 복식호흡으로 노래하는 연습을 하고 가야 한다.

말은 쉽지만 복식호흡을 배우려면 짧지 않은 시간을 필요로 한다. 원래부터 남성들은 잘하고 있는 경우도 있으나 여성들이나 남녀를 불문하고 안 되는 분들은 3개월 동안 주중에 하루 15분씩 집중해서 계속해서 가르쳐야 한다. 이를 위해 보이스 코치를 3개월 정도 고용하여 가르치도록 하면 좋다. 미국 교회에는 일 년에 한 번씩 발성 코치를 고용하여 1인당 1달 정도 4번의 레슨 시간을 잡아놓은 교회를 보았다. 우리나라 교회가 미국 교회들처럼 목요일 주중 연습을 정례화하기 어렵다면 연습 주일 오후 연습시간에 보이스 코치를 고용하여 실행하면 좋을 것이다. 오후 연습이 2시간이라면 지휘자가 대원들과 연습하는 사이 한 분씩 불러내어 15분간씩 다른 방에서 코치한다면 8명을 연습시킬 수 있다. 매주 해야 효과가 있으므로 8명은 정기적으로 3달 동안 계속 해야 한다. 분명히 변화가 있다. 8주 동안은 모음 내기와 복식호흡만을 시켜야 한다. 그 뒤에 공명과 소리 모음 그리고 듣는 훈련을 병행한다.

이 모두가 교회 예산과 관련이 있다. 교회 예산을 짤 때 찬양대 지휘자와 반주자 페이만을 책정하고 나머지는 없는 교회가 태반이다. 음악 전문 사역을 하는 음악목사나 음악감독이 없는 교회가 즐비하니 그들이 솔리스트를 고용해야 한다는 걸 모른다. 어쩌다 예산이 필요하다는 리더가 적용할 만하면 그 영향력 있는 리더가 다른 부서에 가곤 하여 전문 사역자가 없는 교회는 이를 시행한다는 게 쉽지 않다. 여하튼 찬양대원은 일 년 중에 반드시 보이스코치 훈련을 받아야 한다. 소리 내는 만큼 음악과 찬양은 깊어지고 성장하고 성숙한다.

　도저히 예산이 넉넉해 질 가능성이 없는 교회이고 지휘자가 성악을 전공하지 않았다면 복식호흡을 스스로 배워야 한다. 여하튼 복식호흡을 가르치려면 주중 연습이 있는 다른 날 매트를 준비해서 두 명이 한 조가 되어 누워서 가슴과 배의 움직임을 보게 한다.

　먼저 숨을 들이쉬기 전에 가슴을 높이 위로 내밀게 하고 움직이지 않게 한다. 이때 엉치와 등 사이에 작은 틈이 만들어지는데 그 틈을 가능한 한 없애라고 하면 가슴이 내려간다. 그런데 가슴을 올려야 한다고 하니 두 방향에 갈등이 일어난다. 해결점은 통로를 넓히면 된다. 가슴을 올려야 한다고 하면 할 수 없이 호흡의 통로를 열게 된다. 누운 다리를 위로 조금 세우면 통로는 더 쉽게 만들어진다. 통로가 생기면 더 빨리 날숨과 들숨을 반복해서 내보내고 들이쉴 수 있다. 호흡자세가 준비되었으면 가슴을 높이고 배는 내려가 있어야 한다. 숨을 쉴 때 가슴은 움직이지 않고 배만 움직여야 한다.

　처음에 이게 잘 안 되는 사람은 서서 허리를 굽히고 허리의 유연성을 높이기 위해 중고등학교 때 체력장 할 때 손 굽혀펴기할 때처럼 손을 발

끝으로 내리면 복부에 배가 닿으니 할 수 없이 가슴으로 호흡을 못 하고 배호흡을 하게 된다. 가슴을 움직일 수 없으므로 복식호흡을 한다. 그 기분을 느끼고 점점 상체를 들면서도 호흡할 때 상체가 높이 있는 상태로 움직임 없이 배로만 쉽게 할 수 있다.

필자의 경험에 의하면 복식호흡은 개인레슨처럼 일주일에 1시간을 두 번씩 최소 3주가 걸린다. 하지만 끝내 못 하는 이들도 있다. 이들은 호흡이 짧고 콧소리를 잘 내며 음역대별(테시투라) 소리를 내지 못한다. 톤을 통일하는 데 힘든 분들이다. 이분들이 소수이면 괜찮지만 다수일 경우 찬양대의 톤은 매우 혼란스럽고, 깊은 서정성을 담보하기 어렵다.

주일 날 예배 전 리허설에 따로 복식 호흡을 가르치는 것은 효과적이지 않다. 다만 곡 중에서 깊은 소리를 요구하는 프레이징을 미리 정해 조금 더 구체적으로 소리를 모은다고(블렌딩한다고) 생각하도록 아래턱을 내리게 하고 가슴을 올려 엉치에서 올라오는 후음으로 노래하도록 하여 깊고 심미한 하모니를 시도한다.

부분 연습 / 전체 연습

부분 연습을 했으면 반드시 전체 연습을 해보아야 한다. 가사와 톤을 마지막 연습 시간에 놓는 것은 마지막 톤을 정리하고 가사와 음악과 찬양의 최종 지향점을 위해서지만 당일 찬양에서는 부분 연습만 열심히 하다가 정작 멀리 전체를 조망하는 망원경의 기능을 경험하지 못하게 하면 찬양의 큰 흐름을 잃는다. 주일 아침 연습은 언제나 예배처럼 그 날의 찬양자를 가장 기쁘도록 칭찬하여 효과를 더 높여야 한다. 콩쿠르를 앞둔 학생에게 못하는 부분을 더 잘할 수 있도록 교수가 당일에 집중하는 것은 지혜로운 가르침이 아니다. 만약 잘하지 못하는 부분이 있다면 그 전날 해야 한다. 당일 날엔 오히려 잘 되는 부분을 더 잘할 수 있도록 해야 한다.

주님,
찬양을 준비하는 마음에 함께 해주옵소서.
모든 것이 준비하는 마음으로 시작되어
주께서 계신 그곳에 이르러서는
가장 신비로운 영화로운 만남이
우리 찬양하는 이에게 일어나게 하옵소서.

30

찬양의 여정

순서	방	제목	열납(찬양자)	임재(하나님)
1	첫째 방	하나님의 얼굴을 구함	묵상 열납 기원	임재로 나타남
2	둘째 방	이보킹을 소리냄	플레이스먼트	블렌딩
3	셋째 방	마음 다잡기와 임재 앞의 두려움에 임하기	긴장과 집중 간구와 동행	충만

첫째 방 들어가기

하나님의 얼굴을 구한다. (하나님 마음과 시선을 향해) 하나님 마음의 터널에 들어간다. 주님 앞으로 가기를 간절히 소원하는 말을 입으로 선포한다. 마음의 손(죄지음, 물두멍)을 씻는다. 마음이 상기되도록 놀라움 - 두려움, 두근거림, 호흡소리 in & out, 깊음 가운데 있으려 집중한다. 긴장 가운데 온유함, 높은 차원 가운데 시원한 기쁨, 생영의 존재 안으로 오시는 하나님의 마음과 하나 되려 한다. 깊은 곳으로 낮아지도록 모든 이를 자신보다 낫게 여김이 진리임을 다시 입으로 고백하고 마음으로 확인한다. 하나님을 향해 상기되어 있음을 확인하고 기도를 마친다.

이렇게 찬양방 입문을 조금 구체화하면,

1. 주의 얼굴을 구함 (말과 마음을 구함)

나의 반석이시요 나의 구속자이신 여호와여 내 입의 말과 마음의 묵상이 주님 앞에 열납되기를 원하나이다 (시 19:14)

다윗은 두 가지를 구한다. 하나는 입의 말, 다른 하나는 마음 구함.

1) 입의 말로 아룀

주가 자기 삶의 최고로 중요한 분이심을 고백하는 찬양자가 입에서 전격적으로 그 말이 되어 튀어나오는 것은 큰 은혜다. 주께서 바로 반응하신다. 주의 임재 앞에 서 있음을 자각하고 즉발적으로 반응하여 말이 되는 것은 곧 헌신과 충성과 낮은 마음에 이르기 쉽다. 주 앞에서 종알거리는 말이 먼저 튀어나오는 것은 그의 발 앞에 있음을 느끼고 그의 임재로 인해 영이 고무되어 행복하기에 그렇다. 마음이 하나님의 임재하심으로부터 얼레어(하나님의 영을 받아 상기됨) 있지 않으면 말이 안 나온다. 말과 마음은 하나다. 입술로 고백할 때 하나님이 들으신다. 생각이 많은 건 무늬일 뿐, 말로 선포하여 자신의 입장과 의사로 자신 밖의 존재에 대해 호칭하고 그의 도움을 구하는 것은 매우 다른 가치다.

2) 마음의 묵상

마음으로 주를 앙망하고 주의 임재를 구하는 것은 사실 신앙하는 모든 것이다. 마음을 일으키는 행위는 매우 영적이고 최고의 순간이다. 마음을 가져오라는 하나님의 명령은 성경 곳곳에서 발견된다. 너무 많아다 찾아볼 수 없을 정도다.

모든 지킬 만한 것 중에 더욱 네 마음을 지키라 생명의 근원이 이에서 남이니라 (잠 4:23)

내 아들아 네 마음을 내게 주며 네 눈으로 내 길을 즐거워할지어다 (잠 23:26)

예수께서 이르시되 네 마음을 다하고 목숨을 다하고 뜻을 다하여 주 너의 하나님을 사랑하라 하셨으니 (마 22:37)

네가 거기서 네 하나님 여호와를 찾게 되리니 만일 마음을 다하고 뜻을 다하여 그를 찾으면 만나리라 (신 4:29)

마음을 구하는 것은 참으로 미묘하고 쉽지 않다. 하지만 복잡하지 않고 쉽게 구하는 이가 복되다. 주의 임재를 알고 구하는 자는 아주 쉽다.

주의 임재를 구하는 것은 주님과 교제 없이 일어날 수 없다. 주의 임재가 있어도 깨닫지 못한다. 다른 통로가 있음을 알아야 한다. 그 통로는 오감이나 육감이 아니라 영적 혜안이 유영하는 7의 감각이다. 7의 감각은 영적으로 성숙한 사람에게 온다. 대표적인 게 온유함이다.

이 온유함에는 서정적인 태도뿐 아니라 말씀에서 오는 깊은 적용과 깨달음과 하나님의 임재 경험이 전제된 온유함이다. 7의 감각은 총체적 온유한 영으로 향하는 길에 놓여있다.

2. 문제 제기

1) 기도가 안 되는 사람은 항상 기도가 안 된다.

사람의 마음에는 많은 계획이 있어도 오직 여호와의 뜻만이 완전히 서리라 (잠 19:21)

자기 생각이 많은 자는 기도가 안 된다. 자신의 문제를 남에게 맡기지 않는 자기주도형, 언제나 자신이 해결하려고 하는 자기주도형은 모든 상황에 자신의 의견과 평가와 결론을 자신으로부터 가지고 오려 한다. 자신 밖에 계신 분의 의견이 무엇인지 알려는 마음의 겸손이 없다. 자신의 잔머리로 정리될 때까지 굴린다. 기도의 자세에서 매우 불량한 태도이다.

지식인, 행동가(드라이버를 거는 쪽에 흔히 있는 자), 열정이 많은 이, 창의력이 높은 자, 높은 자리에서 늘 일하는 자, 가르치는 자, 마음의 폭과 깊이가 큰 자(예: 내가 하나님께 미주알고주알 다 알리는 것이 촌스럽다?)들이다. 찬양자들 중 이런 분들이 많으면 지휘자의 손 위에 있으려 한다. 가운을 입고 있지만 자신의 부족함을 감추는 데 사용하는 게 아니라 자신을 나타내는 데 사용한다. 찬양자의 톤은 이런 분이 많으면 블렌딩이 잘 안 되고 적을 때는 잘 된다. 블렌딩을 향하는 예민함에 있는 겸손과 순종과 온유한 태도 때문에 지휘자의 표정이 좋아지고 영적으로 얼레임(상기됨)이 일어나고 소리가 매우 유연해진다.

2) 하나님의 마음과 하나가 되지 않은 이유

① 기도는 마음의 고무됨이 이끈다. 마음의 움직임이나 흐르는 감동이 일어나지 않은 강퍅한 마음에 있은 지 꽤 오래되었을 가능성.

② 어떤 상황에서건 자기 세계나 혹은 자기를 요구하는 다른 세력들에게 너무 오랫동안 시달려 왔거나 그로 인해 그 생각과 마음과 에너지가 한곳에 갇혀있을 때 기도가 입술로 말로 즉발적으로 튀어나오지 않는다.

③ 화가 나 있을 때

④ 마음 나누기의 기쁨을 일으키기보다 자기 갈 길이 바쁜 이

기도의 발현은 주께서 자신의 발 앞에 계심을 의식할 때 일어난다.

3. 하나님의 마음 하나 되기

① 주의 마음이 찬양자의 바로 앞에 서 계시게 하려면 삶에서부터 예배자로 나오는 사전 준비 각성 필요.

② 주일 하루 전 토요일 저녁부터 마음을 준비한다.

　가. 주일 찬양 가사를 소리 내어 읽음

　나. 작사자의 고백에 근거한 성경구절 찾음

　다. 기도하는 마음으로 준비된 전체 합창(찬양팀) 녹음을 켜 놓고 자신의 파트를 소리 내어 노래(연주)한다.

　라. 전체 합창(찬양팀 녹음)을 들으며 내일의 찬양에 대해(준비하는 지휘자, 반주자 포함) 기도하고 잠자리에 든다.

　마. 가장 좋은 옷과 겸손한 옷차림과 화장을 한다.

　바. 시작하기 15분 전에 도착, 연습실에서 10분 이상 묵상 기도한다.

사. 지휘자와 대원들을 돕는 자로 선다.
　　아. 대원들의 필요를 위해 helper의 마음을 갖는다.
　　　　ㄱ. 지휘자, 반주자, 대장, 총무(임원들 포함) 등은 함께 모여 시작하기 10분 전 공동 기도문 읽고 기도
　　　　ㄴ. 임원 보고: 공지 사항 점검
　　　　ㄷ. 파트장 보고: 대원들의 일주일 동안 경황을 서로 확인하여 기도문에 넣을 것 확인
　　　　ㄹ. 공동 준비 사항 점검: 가사 전자식 전달, 폴더 색깔, 가운(옷) 통일, 보면대 준비, 줄서기 및 출입에 대한 효율적 안내
　　　　ㅁ. 연습실 분위기와 테라스 분위기를 조절하여 시작 전 기도하는 방과 인사하는 방을 구분
　　　　ㅂ. 디보션(짧은 묵상) 준비 확인(임원 간 디보션, 대원 간 디보션)

둘째 방 들어가기

1. 생영을 찾으러 감

　찬양은 본디 그 고향이 땅이 아니라 하늘이다. 찬양은 육체(오감)를 사용하는 게 아니라 영을 사용한다. 지금까지 첫째 방에서 영을 모으는 데 시간을 보냈다면 실제의 영을 표현하는 매체에 대해 찾는 것이 둘째 방의 목적이다.

생영은 무엇인가?

　① 르아크(생명을 작동시키는 하나님의 호흡)는 육체의 소리가 아니라 영

의 바람 소리이다.

② 소리와 바람의 차이점

　가. 소리 : 모든 소리(현상적인 재료, 짧은 깨달음과 느낌)

　나. 바람 : 귀에 들리지 않을 수도 있는 작은 움직임과 울림(입체화된 공간감)과 충만, 그리고 에너지. 더 멀리 보는 연습을 아래의 대사에서 찾을 수 있다.

　(예. 영화 '관상' 명대사 -
　"파도만을 보았어! 파도는 바람이 만드는 거야! 바람을 보았어야 했어! 결국 파도는 조각나서 부서져 버리거든!'
　"난 사람의 관상만 보았지 시대를 보지 못했소.")

　나. 그림 소리로 내지 않고 바람으로 내라는 뜻은 이보킹으로 내라는 것.
　　이보킹이란 늑대가 알라스카의 설원에 멀리 보내는 울음소리로 생각해 보면 비슷하다.

2. 이보킹(Evoking)

1) 이보킹의 뜻

　가. 이보킹이란 '불러일으키다' 라는 뜻이다. 소리는 그저 소리일 뿐이라면 이보킹은 소리바람을 포함한 공간과 그 흐름과 흐름으로 인한 반향과 그 에너지까지를 포함한다.

　나. 그저 즉발적으로 소리를 내는 게 아니라 풍파를 일으키는 바람을 뜻한다. 바람을 일으키는 데 목적이 있으니 소리는 그 바람의 결과일 뿐 시작지점의 목적과 최종 지점의 목적은 바

람의 에너지와 방향 그리고 반향 후의 입체적인 톤이다.
　다. 이보킹은 복식호흡을 요구하고 긴 호흡과 따뜻하고 풍성한 호흡의 깊이를 요구한다.

2) 이보킹 입문
① 자기연습
　가. 기초 체력 연습 : 기본적으로 호흡의 양을 길게 해야 한다. 숨을 깊이 들이마시고 깊이 내쉬는 연습을 해야 한다. 예를 들면 수영, 계단 뛰기(쉬지 않고 500개, 찬양대원의 생활 십일조는 호흡 연습임)
　나. 복식호흡 : 호흡의 양을 길게 하려면 복식호흡을 해야 한다. 복식 호흡은 가슴에 테시투라가 있는 게 아니라 배에 있다는 뜻이다. 바람 소리의 시작지점이 배에 있으며 배의 음역에서 나야 한다. 8기통 트럭 엔진 소리로 예를 들 수 있다.
　다. 배만 움직임 : 가슴은 높이 하고, 배만 움직인다. 한 손은 가슴에 얹고 다른 한 손은 배에 얹는다. 가슴에 얹은 손은 움직이지 않아야 하고 배에 얹은 손만 움직여야 한다. 깊이 빨리 들이마시고 천천히 내뱉는다.
　라. 호흡 일시 멈춤 : 들숨과 날숨 사이에 잠시 멈추고 배로 호흡을 통제한다.
　마. 플레이스먼트 : 호흡 멈추는 힘이 어떤 곳에서 터를 잡고 있어야 한다. 불편한 자세를 하면 그 불편한 자세를 감내하려는 반응 기운을 느낌.
　바. 자유함과 통제를 동시에 함 : 강한 통제와 힘을 배에 두고 목

은 가장 자유롭게 연다. 호흡을 배로 플레이스먼트를 두면서 유연성과 강함을 통제한다.

사. 반복 : 천천히 내 쉬면서 배를 단단하게 하여 오랫동안 내보낸다.

아. 아티큘레이션 연습 : 마르카토, 레가토, 스타카토, 스피카토 (현악기의 활이 현에 닿자마자 울림이 되는 소리)

자. 공명 연습 : 바람은 몸소리를 내게 하고 몸소리가 울림이 되는 모음 발성을 한다.

② 찬양곡 가사 읽기

가. 가사 의미적 요소가 드러나는 낭송 연습 : 가사의 자음을 최대한 입속에서 읊조리고 모음을 멀리 보낸다. 연극배우처럼 바람 소리와 함께 가사를 허공에 가능한 한 멀리 내보낸다. 그리고 그 반향을 듣는다. (공간 울림)

나. Hetero Sound와 Poly Sound를 구분하여 낭송한다. (헤테로는 소리의 빛깔에, 폴리는 소리의 울림에 더 중점이 있음)

다. 모음은 폴리로 울리도록 하고 자음은 헤테로로 파열하도록 바람 소리를 낸다.

라. 톤의 밝기 : 어두움을 1에 두고 밝음을 16에 두었을 때 4와 12는 매우 다른 밝기인지 스스로 파트별, 개인별, 전체의 밝기를 구분하고 통일(blending)한다.

마. 음량의 효과(효과적 낭송 연습) : 큰 낭송과 속삭이는 낭송, 작은 낭송과 제법 큰 낭송, 아주 큰 낭송과 들리지 않을 만큼 작은 소리를 구분해 본다.

바. 자기 파트 모둠소리 절제(블렌딩 연습1, 파트별 옹창, 다른 파트를 배려하여 자신의 소리를 자기 파트 안에 모으면서 오직 상대 파트의 소리 범위 안에서 줄임 상대를 더 존중) : 짝을 지어 두 파트(소프라노, 알토 또는 테너, 베이스)씩 함께 해본다.

사. 자기 소리 절제(블렌딩 연습 2, 짝과 해봄) : 이때 서로의 귀를 확인하고 서로의 소리를 듣고(홀짝) 해본다.

아. 남성과 여성 음색 존중(블렌딩 연습 3, 모두가 해봄) : 남성의 여운과 여성의 여운이 서로를 배려·존중하고 있는지, 특별히 특이하게 하지는 않는지 스스로 점검

자. 블렌딩과 기타 표현 동시(모둠 연습 4) : 가사와 아티큘레이션, 가사와 다이내믹, 가사와 subito forte(piano), 가사와 팔세토.

셋째 방 들어가기

다시 두려움 앞에 선다. (예배 전에 예식처럼 연습)

예배 무대 앞에 서서 최종 리허설 (찬양대 헌신 예배)
① 송영으로 기도함 (가장 영적인 하모니가 나타나야 함, 가사 전달 + 영성 표현)
② 모든 보이는 것들 (줄서기, 옷, 보면대, 악보 표지, 폴더 색깔, 넥타이, 옷 색깔) 미리 정하여 두고 점검
③ 찬양대원 대표기도
④ 최종 그 날의 찬양곡 전체 리허설

주님,

모든 리허설이 예배인 것을 알게 하옵소서.

우리가 예배를 준비할 때 이미 주의 임재를 경험하게 하옵소서.

이 모든 준비는 오직 주를 찬양하는 데 있으니

과정에서 오는 성실만이 드러나게 하시고

그 과정이 또 하나의 형식이나 권위나 신학이 되지 않게 하옵소서.

31

자기 생각

내가 다윗의 집과 예루살렘 주민에게 은총과 간구하는 심령을 부어 주리니 그들이 그 찌른 바 그를 바라보고 그를 위하여 애통하기를 독자를 위하여 애통하듯 하며 그를 위하여 통곡하기를 장자를 위하여 통곡하듯 하리로다
(슥 12:10)

 스가랴 선지자가 그 땅 이스라엘에 의인도 없고 선지자도 없고 선한 이를 찾았으나 아무도 없을 지경에 있을 때 주께서 그 땅의 한 사람에게 은총과 간구하는 영을 주시겠다고 하신다. 이는 우리의 능력으로 하나님의 영을 추억하거나 그분의 능력을 알아 간구하도록 하는 능력마저 없다는 것을 말한다.
 하나님을 올려다보는 행위에는 지극히 신령한 성령의 통로가 있다. 구원 역사의 꽃인 십자가의 주님을 기억하며 찬양을 준비하는 마음가짐에는 성령의 통로에서 마음을 준비하는 성도들의 마음밭에 주님의 충만한 성령의 축제가 되도록 간구와 회개의 영을 기다려야 한다. 이는 자기 생각에서 나오는 게 아니라 주실 분이 부어 주어야 가능하다는 것이다.
 찬양이 학예회와 다른 것은 사람에게 보이고 잔치를 내는 분위기에

만 있는 게 아니어서 그렇다. 모두가 마음을 모아 초막절의 그 순결의 마음을 세우고 광야에서 임재하셨던 하나님의 영과 오실 비(성령)를 기다리며 준비한다. 그리고 그 자리에 우리의 영혼을 내려놓는다. 누가 주는 게 아니라 우리들의 마음의 눈을 가지고 올 때 시작할 수 있는 게 찬양이다.

성령은 하나이다. 자신의 의견으로 가는 것은 성령이 아니다. 교회나 찬양대에서 어떤 결정을 할 때 자기 의견을 말하는 사람이 있다. 계약사회나 자본주의 사회에서는 그분의 의견과 이익이 반영되어야 하는 계약적 이익을 위해 그렇게 하여야 하고 그 의견은 가치 있고 또 존중받는다.

하지만 교회는 계약사회나 자본주의 사회가 아니니 자기 의견을 내는 곳이 아니라 자신 안에 일어나는 성령의 안내를 받고 주의 의견이 서로에게 내려올 때까지 기다리며 서로 주의 의견을 확인하는 자리요 그 의견이 머무는 곳에 자신을 함께 설득하며 마음을 놓는 곳이다. 이를 그리스도인(신정적 공동체)이라 한다. 찬양대에서 리허설할 때 작업하는 공정과 아주 비슷하다. 비록 개인은 서로 소리 내는 능력이 다르고 부족함이 있지만 서로를 배려하고 다름을 받아들이며 새로운 가능성으로 조합하고 연결시켜 주의 마음을 나눈다.

공동체는 그저 함께하는 사회를 뜻하지만 코민과 커뮤니티는 다르다. 함께하는 것을 강제하는 곳이 코민이라면 자발적 공동체에 참여하는 사회를 커뮤니티라 부른다. 기독교 공동체는 스스로 낮은 자리에 와 앉아 성령의 인도를 기다리는 자발적 사회를 그리스도인, 또는 교인(크리스천 커뮤니티)이라 부른다.

이것을 교회가 몰라 자기의 의견과 교회가 달리 결정하면 자신의 의견을 실어 함께 의견이 모아진 사람들끼리 나누어서 싸운다. 지금껏 그렇게 했다. 이제는 사회가 교회를 걱정스럽게 보게 되었다. 이제 조금씩 한국 교회는 사회의 눈초리가 심해지자 스스로 무엇이 잘못되었는지 관찰하기 시작했다. 자기만 있고 성령이 존중받지 않는 교회는 다른 의견들과 이익을 나누려 하지만 성령은 모든 의견을 하나님의 마음으로 그 시선을 옮긴다.

물론 교회건 교단이건 그 안에 이견을 가지고 있고 함께 있는 많은 분들을 위해 잘못된 길을 가고 있는 공동체임에도 참고 기다리며 그곳을 개혁하려는 분들을 있음을 필자는 알고 있다. 그것이 옳은가 그른가를 판단하려는 게 아니다. 그리스도의 역사적 부활 사건과 그의 구원사역이 하나님 나라에 합당한 것으로 크게 동의하는 그룹이 아닐 경우는 기다릴 필요는 없겠지만 사실은 하나님은 개인적으로 우리들과 직접 계시하기도 하는 일관성 있는 친밀함을 가지신 분이시다. 교리와 교단적 첨가물들이나 제외된 의식 등은 이 본질적 하나님의 관계를 해치지 않는다. 그러나 본질을 잃었다면 하나님은 더 이상 우리들과 계시하시지 않는다. 얘기가 딴 데로 옮겨갔지만 교회 안에 의견을 달리하는 것을 목숨 걸고 다름을 유지해야 하는 것인가 생각해 보자.

찬양대에는 매우 많은 이견들이 실재한다. 자기 표현력이 즉발적으로 발현해야 속이 풀리는 분들이 계신 곳이다. 최소한 다른 의견이 생겼을 때 그 의견이 존중받지 못하는 모임이 되어서는 안 되지만 반드시 그 의견이 관철되고 첨가되어야 하는 것은 아니라는 말이다. 교회는 이견을 배려해서 또 하나의 의견이 존중되어야 해서 그 이견이 유지되어야 하는 곳이 아니다. 그보다 더 큰 일관성을 가진 게 신앙이다. 신앙의 이름으로 개인의 이견이 그 이견을 가진 이가 스스로 공동체와 합의로 묵과되는 곳이다. 개인의 이견이 밖으로 표출해야만 하는 곳은 아니다.

찬양하는 자리는 이처럼 인내하고 존중하고 배려하는 자리이면서 하나님의 마음으로 하나가 되어야 하는 자리이다. 자신의 눈을 하나님께 올려다볼 수 있는 자들이 모이는 자리이다. 지금껏 교인들이 자기 의견을 가지고 와서 친교하고 화평하는 자리에서 성령의 한마음이 머물 만한, 차원이 올라간, 눈높이로 찬양하는 모임이 되어야 한다. 그 자리에 우리들의 찬양대가 함께 주님을 누리고 기쁘게 나누는 그리스도의 영이 넘치는 자리이다. 찬양이 있는 곳은 처음부터 천국이었지만 땅에서도 이 경지를 누리기에 가능한 곳이다.

주님,
우리에게 하나님의 마음으로 하나 되게 하옵소서.
성령이 주인이 되는 모임이 되게 하옵소서.
찬양하는 무리들 되게 하옵소서.

32

예배는 레슬링인가, 권투시합인가?

    레슬링을 쇼라고 한다면 권투시합은 경기라 볼 수 있다. 쇼와 경기는 목적이 다르므로 당연히 룰도 다르다. 레슬링 경기는 극적인 재미가 목적이니 경기장에 다른 선수가 장내에 들어와도 괜찮지만 권투시합은 누가 힘 있고 기술이 뛰어난가가 룰이기에 단 두 명만 장내에서 싸운다. 그래서 레슬링에서는 재미가 없을 때 야유를 하지만 권투경기에서는 프로선수들이 미리 짜고 계획된 부드러운 공격과 수비만 하면 야유를 퍼붓는다.

    예배의 가치를 진정성에 두는가 재미에 두는가에 따라 예배를 기대하는 회중들에게 새로운 기호학이 생긴다. 기호학은 문예비평이론 중 하나의 도구적 분석학인데 모든 실연에는 기호적 기준이 생긴다고 본다. 행동을 일으키는 목적에 따라 행위가 기호적인 형식을 지니고 있다고 보는 분석인데 지금도 문화의 코드를 설명하는데 매우 영향력 있는 도구로 일반화된 개념이다.

    예배를 쇼로 보는 것의 기호학적 접근과 경기로 보는 기호학적 접근은 다르다. 쇼는 설정이 있다는 뜻이고 경기는 실제가 살아있다는 뜻이다. 예배는 쇼라는 점에서 반드시 보여주어야 할 극적 전개와 에너지를 대단원에 어떻게 설정할 것인지가 중요하다면 예배에 반드시 진정성이 살아있어야 할 실제인 하나님의 임재를 어디에 두느냐에 따라 전하는 자나 듣는 자 그리고 예배를 세팅하는 미학적 기준과 이를 준비하는 마음이 다르다.

예배는 하나님의 말씀이 실제에 적용되는 지점에 놓여있어야 한다는 점에서 치밀한 드라마적 요소(기획적)가 가미되어야 하고 하나님의 임재가 말씀의 현장에 일어나야 한다는 점에서 제의적이고 두려움을 일으켜야 한다.

신령과 진정으로라 할 때 신령이 하늘에서 내려오는 설정에 맞춘 깊은 말씀과 준비된 찬양에서 하나님을 찾는다면 진정은 회중의 마음 안에 두려움을 일으킬 집요한 예배전 분위기를 예전 속에 들여놓아야(의도적인 것과 현시적 환경) 한다고 믿는다.

그러므로 찬양자는 두려움에 대해서 공부해야 한다.

두려움은 의식의 끝에 일어나는 극한 고통의 자리에서 일어난다. 그 두려움이 새벽을 산책하다가 다람쥐 소리를 듣고 깜짝 놀라는 아주 작은 것이든 또는 갑자기 산책가에 사슴이 뛰어드는 즉발적인 지나가는 것에서부터 자녀의 교통사고로 장애를 맞은 어머니의 통증처럼 오랫동안 심장에 내려앉은 심각한 것에 이르기까지 두려움은 인간의 뒤안길에 평상의 고요에서 벗어난 외딴길에 놓여있다.

두려움은 어쩌다 처음 만나는 만남이 아니다. 두려움은 배 속에 있을 때부터 이미 어머니의 두려움 현상을 통해서 불안과 마주치고 태어나자마자 다른 환경에 적응하느라 이 평상의 고요를 깨뜨리는 것으로 성장통과 가정의 아버지로서 자녀들을 기르면서, 또 사회생활을 하면서, 여리 관련 있는 사람 관계와 연결하면서 인생의 존재적 허망함을 목격하면서 이 두려움은 늘 우리의 마음 뒤안길에 우두커니 서 있다.

두려움은 또한 존재의 언저리에 무의식에서부터 두려움을 이길 수 있는 제어능력이 있는 어른의 처지인 현재까지 다양한 두려움을 맞고 산다.

1. 무의식적인 두려움

나는 의로운 중에 주의 얼굴을 뵈오리니 깰 때에 주의 형상으로 만족하리이다 (시 17:15)

우리는 무의식에서 일어난 생의 첫 기억들을 가지고 있다. 그것은 대체로 두려움이다. 위의 시는 다윗이 장성해서 그가 하나님을 무의식 가운데 만난 이야기를 하고 있고 깨고 난 뒤에 하나님의 형상이 남아있는 것으로 그의 무의식을 표현하고 있지만 인간은 생애 첫 기억에서 알 수 없는 두려움을 만난다. 평온한 요람에 어떤 파장이 일어나는 외적 환경 전체에 대해 두려움을 갖고 있다.

이 두려움은 인간에게 어떤 도움이 반드시 필요한 존재이며 원초적인 집착의 본능이 함께 달려있다. 두려움은 단지 감정적인 외적 표현에 있는 after the happening을 표현하는 데 목적이 있는 게 아니라 before the happening의 세계에 있다. 두려움이 일어나는 주체와 주체 밖의 상황에 대한 범주가 그 두려움 가운데 놓여 있기 때문이다.

이 두려움은 공간과 마주치는데 인간이 만난 시공간은 하늘과 수평

선이다. 하늘은 높고 수평선은 멀다. 주체는 작은데 객체는 크다. 첫 두려움은 여기서 생긴다. 그리고 주체의 존재가 작아지는 느낌이 곧 두려움이다. 주체가 객체로 인해 두려움이 일면 그사이에 무엇인가 교착점이 마련될 때까지 바깥출입을 삼간다. 두려움이 몰려오면 어린아이들은 집 밖으로 나가는 걸 본능적으로 싫어한다. 교착점이 없기 때문이다.

> 하늘이 하나님의 영광을 선포하고 궁창이 그의 손으로 하신 일을 나타내는도다 날은 날에게 말하고 밤은 밤에게 지식을 전하니 언어도 없고 말씀도 없으며 들리는 소리도 없으나 그의 소리가 온 땅에 통하고 그의 말씀이 세상 끝까지 이르도다 (시 19:1-4a)

다윗은 위 시에서 주체와 객체의 크심 사이에 중재자(도우시는 자)를 만난다. 그리고 그의 객체를 중재자의 교착지에서 존재터를 세운다. 객체의 크기를 두려움으로 여기지 아니하고 주체와 그 객체를 만든 중재자의 부산물로 여긴다.

두려움은 중재자의 손에 있는 것으로 파악한다. 두려움을 객체에 두지 않고 중재자에게 둔다.

> 여호와의 친밀하심이 그를 경외하는 자들에게 있음이여 그의 언약을 그들에게 보이시리로다 (시 25:14)

그는 모든 삶의 길목에서 그 중재자의 많은 기이한 것을 목격한다.

> 주의 제단에 두루 다니며 감사의 소리를 들려주고 주의 기이한 모든 일을

말하리이다 (시 26:7)

그는 여전히 작은 두려움과 큰 두려움 사이에 놓여 있어서 전쟁과 악과 원수들의 울분과 삶의 허망 사이에서 산다. 그런데 이들과 동떨어져 있는 특별한 두려움 하나인 경외를 따로 소중히 여긴다.

여호와는 나의 빛이요 나의 구원이시니 내가 누구를 두려워하리요 여호와는 내 생명의 능력이시니 내가 누구를 무서워하리요 (시 27:1)

이 두려움은 객체에게도 자신과 비슷한 처지의 악한 이들에게서도 아닌 중재자에게 두겠다 한다. 특별히 두려움이 지향하는 원초적인 마음속에 특별한 두려움을 진리로 두겠다 한다. 두려움의 원조는 하나님이시라는 말이다. 두려움을 맞이하는 당사자는 무섭지 않지만 하나님을 모르는 타인들은 무서워 떨게 된다. 즉 하나님을 아는 자의 두려움은 가장 큰 기쁨의 원형이지 피해야 할 부담스러운 분이 아니다.

내가 놀라서 말하기를 주의 목전에서 끊어졌다 하였사오나 내가 주께 부르짖을 때에 주께서 나의 간구하는 소리를 들으셨나이다 (시 31:22)

주께 간구하고 듣고 임재하는 자리에는 그 두려움을 목격하고 있다.

여호와는 그를 경외하는 자 곧 그의 인자하심을 바라는 자를 살피사 그들의 영혼을 사망에서 건지시며 그들이 굶주릴 때에 그들을 살리시는도다 (시 33:18-19)

그리고 그 임재의 자리에서 중재자가 하는 일은 두려움을 마음의 깊은 처소에 둔 자의 마음 살핌을 살피신다고 여긴다.

2. 두려움의 현시

하나님이 하나님이시라면 우리의 낮은 수준에도 불구하고 나타나실 수 있고 찾아오실 수 있으며 우리의 능력과 상관없이 우리에게 언제든 그의 보이지 않는 존재를 우리의 언어와 느낌과 오감 또는 육감으로 이해시키실 수 있는 분이시다.

하지만 그분이 누구에게든 보이신다고 해도 그분이 누구신 것을 알 수 없다면 그건 우리의 마음에 따라 달라진다고 보아야 한다. 그분을 본 자나 느낀 자들은 결국 소수이기 때문이다. 그 소수를 7감의 소유자라고 가정하자. 그분이 하나님이시라면 크신 하나님이 작은 인간에게 얼마든지 트랜스퍼(순간이동)할 수 있을 것이다.

하지만 우리는 하나님의 현시를 두려움에 두어도 가장 우리의 밑바닥에 놓인 감각조차 인지할 부실한 마음을 매일 발견한다. 우리의 의도와 상관없이 우리의 능력은 제한되어 있고 하나님은 그 제한된 능력 안으로 찾아오신다. 비록 우리는 마음을 모아도 마음은 늘 춤을 추는 부실한 존재이지만 하나님은 그 가장 밑바닥에 두려움이신 그분을 찾는 마음을 찾으신다.

다윗은 끊임없이 그분의 능력이 자신의 낯선 미지의 능력을 들추어 냈다고 고백한다. 다윗의 표현에 의하면 그건 밤과 꿈과 형상이다. 아무리 그가 사용한 단어를 우리가 이해한다 해도 그가 그렇게 표현한 표의적 단어 안에 내포를 읽어낼 수 있는 경험이 없다면 결국 이해한 문장이 될 수 없다.

우리는 다윗이 만난 하나님을 함께 공감하려면 불가불 두려움의 현시를 목격해야만 하는 '거룩한 성도의 의무'가 있다고 보아야 한다. 다윗은 하나님을 묵상하는 것이 일반적인 일처럼 산 사람이다. 그가 순례자나 고도의 수련을 한 선승이나 깨닫는 자의 반열에 있는 자가 확실하기는 하지만 그런 삶을 산 것은 아니다. 그는 궁정에서 전쟁을 진두지휘하는 거친 정치가로 살았다. 그의 일이 궁정의 정치로서 표현되긴 했으나 그의 목적과 가치와 방법과 수단은 한결같이 하나님의 마음에 두었다. 그는 하나님 앞에 두려워하는 자였던 것이다. 그가 하나님의 경험 없이 어떻게 두려움을 알았겠는가? 그는 하나님이 자신을 찾아왔을 때 그의 첫 반응을 배웠던 것이다.

하나님 앞에 선 자가 갖는 두려움은 경험적인 것이다. 두려움은 감정이다. 누구든 생명심을 느끼려면 그 단초를 주는 창에 두려움이 있다는 것을 안다. 에녹과 노아와 아브라함과 모세가 만난 하나님에 의하면 늘 두려움의 창이 임재 시 있었음을 본다. 이 두려움은 아담에게서도 오직 좋았던 시절이었음에도 불구하고 그가 죄를 짓고 숨었을 때 나타난다. 두려움은 무서움이 이는 감각적 혼란이 아니라 낯선 느낌을 깨닫는 자가 하나님의 임재를 느꼈을 때 반응한 '신음적 탄허'다. 우리에게 현실에서 이 신음어린 탄허의 느낌이 일어나야 한다면 우리의 마음밭은 주의 임재를 간구해야 한다. 우리의 부족함에도 중심을 보시는 하나님은 찾아오신다.

3. 레슬링으로서의 예배

우리가 권투시합으로서의 예배인 진정성에 대해 배웠다면 이제 레슬링으로서의 예배자로 서보자. 레슬링은 그 하나님의 현시를 마음이 혼란되어 있는 우리처럼 많은 죄인들과 원하건 원하지 않건 의무로 와 있는 사람들, 습관으로 와 있는 사람들, 아무 생각이 없는 사람들에게 그들의 의식을 진정성으로 이끌 수 있다. 찬양은 그들의 마음밭에 흩어진 마음을 하나로 이끌기는 한다. 하지만 대부분의 찬양은 그 시대의 창법을 모방하고 있다. 다수의 공유된 문법으로 음악적 공감을 이루는 모든 음악 스타일이 교회에 들어오는 걸 막을 수는 없다. 사람이 좋아하고 유인하는 모든 재료들이 교회 안에 들어온다. 그 재료들이 신선한지 아닌지 하는 것보다 더 중요한 것은 그 재료에 무엇을 버무릴 소스인가 하는 것이다. 재료는 맛을 느끼게 하는 편린적 요소지만 버무린 맛의 목적은 만족감으로 이끌기 때문이다. 모든 것이 만족감을 이끌지 않더라도 그 미각이 추구하는 방향은 알 수 있다. 만족감이 욕망인지 아니면 낯선 진성성의 영인지 알 수 있다는 것이다.

잘못된 방향은 레슬링이 모두의 관중을 만족시키는 방법으로 유도할 때 일어난다. 이들은 자기의 스타일이나 자기의 기호가 있는 음원과 작곡가의 곡을 선곡한다. 그리고 자기가 좋아하고 감흥이 일어나는 창법과 만족감을 향해 줄달음친다. 목적을 잃은 채 다수가 좋아하는 쪽으로 방향을 트는 것까지는 효용성을 잘 발휘했으나 무엇을 전달하려 했는지에 마음의 착지에 가면 감정이었는지 아니면 두려움의 영이었는지가 발견된다.

레슬링으로 가는 예배는 매우 조심해야 한다. 연출자의 의도가 가장 민감하게 목적지에 도착하기 때문이다. 그가 작은 목적으로 출발했더라도 가장 큰 소득으로 만인들 앞에 보여진다. 레슬링이 만족감을 너무 추구하면 천박한 말미를 주고 너무 진정성에만 두면 소통에 한계(재미가 없음)가 있기에 두 가지 평행선에 목적적 도구들과 장치들을 잘 배열해 놓고 기도해야 한다.

레슬링적 예배에서는 수단이 중요한 목적이 된다. 때문에 수단 선택을 우연에 두되 목적이 이루어지는 과정에 구성원 모두 성심과 진지함으로 실행해야 한다.

주님,
우리의 찬양으로 하여금 우리의 의도와 순진함이
자연스러움을 넘지 않도록 하시고
모든 게 하나님의 마음으로 잘 조화되게 하옵소서.

33

찬양자와 음악가 무엇이 다른가?

> 소년 중 한 사람이 대답하여 이르되 내가 베들레헴 사람 이새의 아들을 본
> 즉 수금을 탈 줄 알고 용기와 무용과 구변이 있는 준수한 자라 여호와께서
> 그와 함께 계시더이다 하더라 (삼상 16:18)

찬양자는 노랫말이 찬양으로 되어 있고 음악가의 노랫말은 그 이상의 것들도 포함된다. 노래하는 자는 자기의 목소리로 노래하는 모든 이를 칭할 수 있으나 찬양자와 일반 음악가는 겉과 속이 다 다르다. 때문에 행동을 하는 외양이 같더라도 근본적으로도 일반적으로도 다른 행위를 한다.

음악가는 자신의 미적 형상과 기술을 가지고 예술적 능력으로 시어와 더불어 그 내용이 깃든 침묵과 미적 형식과 형상감을 표현하는, 기술자요 예술가다. 하지만 찬양자는 미적 형상을 이룰 기술과 감성을 가지고 있지만, 그것이 지향하는 미적 형상감을 위해 자신의 모든 기운과 마음과 뜻 그 한 목표에 두는 게 아니라 전혀 생소한 곳에 둔다. 그러므로 그는 미적 완성자가 아니라 영적 완성자다. 그 품에 아름다움을 두는 것이 음악가라면 찬양자는 자신의 마음을 하나님과 동행하는 자리에,

하나님 품에 둔다.

그 생소한 곳은 하나님을 만난 샘이 있는 내적 동요의 자리이다. 샘은 언제나 차고 넘쳐흘러 그 주변을 습지로 만들고 드디어 길을 만들어 파장을 이루고 널리 널리 강으로 퍼진다. 이 샘은 시장 한가운데 나 있지 않다. 또는 고즈넉한 넓은 집에, 잘 지은 건축물 한편에 세련되게 조각된 액세서리가 아니다. 더구나 잘사는 집 뜰에 있거나 귀족적인 자리에 있는 게 아니다. 그 샘은 언제나 소박하고 조용한 곳에 독립적으로 있다. 시장과 다운타운을 떠나 인적이 드문 산책로에 있는 것이다. 그렇기 때문에 아주 많이 훈련된 기술과 목소리로 사람을 놀라게 하지도 않으며 화려한 의상을 입고 그의 음악가적 면모를 노랫말과 그 서정성보다 더 드러내지 않는다.

아무렇게나 준비 없이 즉흥적인 영감으로만 노래하는 것으로 보일 만큼 자연스럽지만 아마추어적인 실수가 없다. 오히려 전문적인 수련을 했음 직한 테크닉과 감각을 가지고 있지만 그 이상의 표현을 자제한다. 미려하고 설득력 있는 아름다움과 그 형상감의 내용이 유지되는 데 소박함과 정교함이 없는 것이 아무런 문제가 되지 않는다. 오히려 쉬운 말과 쉬운 운율로 대화하듯 속삭이듯 살아있어 음악에 문외한이나 듣는 데 장애가 있는 이들도 자연스럽게 마음이 동요한다. 이는 주의 영을 간절히 간구하며 그의 영 안에서 노래하기에 가능하다.

이런 일들이 왜 우리의 공동체와 교회 안에서 그 시점에서 일어나지 않고 다들 기술과 미적 형상감과 탁월성이 그 자리에 대신 자리를 차지하고 있는지 아는가? TV의 영향 때문이다. 탁월성과 특이성이다. 사람들이 놀라워하는 흥분을 목적으로 하는 시청률 경쟁은 내용보다 파급력을 중시한다. 교회도 경쟁을 하다 보니 주로 대형교회에서 점점 이 예배에 시각적 경쟁을 중시하는 파급력을 선택한다. 설교에서도 그렇고 찬양이나 기도나 프로그램도 이를 따라간다. 다 사람에게 초점을 맞추고 있다.

어느 날부터인가 찬양대가 찬양이 끝나면 박수를 치기 시작했다. 박수의 크기가 달라지는 것에 지휘자와 대원들 역시 민감해지기 시작했다. 곡이 끝나는 지점을 화려하게 바꾸기 시작했던 것이다. 작곡자나 지휘자는 박수의 효과가 없는 곡을 외면한다. 하나님의 영이 깊이 내면을 채우는 연출에 힘이 실리지 않는다. 세상으로 돌아가고 있는 것이다.

시장 한가운데에 샘물을 만들고 샘 곁에 나무와 잔디를 심고 플라스틱으로 만든 바위 밑에 전기로 폭포를 연출한 인간의 샘을 소박한 들녘의 샘보다 더 즐겁고 유쾌하게 여긴다. 내적 동요 대신에 화사함을 대신 채워 준다. 다운타운의 샘물은 제자리에서 기계에 의해 빙빙 돌고 샘물은 흐르지 않고 거기서 그친다. 하지만 들녘의 샘은 흘러 흘러 강을 만들고 멀리 멀리까지 파급시킨다. 다운타운의 샘은 미지근하고 진한 이끼가 끼어 있지만 들녘의 샘은 차고(영성이 있고) 이끼(허세)가 없다. 시간이 지나면 금방 잊어버리는 순간 쾌락만 종용하는 것에 놀아나지 않는 인생을 살아야 한다고 믿는다.

찬양자는 하나님의 한가로운 침묵에 항상 가까이 있어야 하고 그 흔적을 노래하는 것에 익숙해서 언제든 그 마음으로 돌아갈 수 있어야 한다. 예배가 예배이려면 그 하나님을 향해 모든 마음들이 전적으로 쉽게 가고자 해야 하고 쉽게 갈 수 있도록, 또한 누릴 수 있도록 자기 훈련과 공동의 노력이 동시에 필요하다.

주님,
우리의 찬양이 사람에게 있지 않고
오직 주님과의 관계에 있게 하옵소서.

찬양자를 위한 묵상

1판 1쇄 발행 2018년 7월 27일

지은이 이선종
펴낸이 김재선

펴낸곳 예 솔
출판등록 제2002-000080호(2002.3.21)
주소 서울시 마포구 양화로6길 9-24 동우빌딩 4층
전화 02)3142-1663(판매부), 335-1662(편집부)
팩스 02)335-1643
홈페이지 www.yesolpress.com
ISBN 978-89-5916-735-7   03230

이 책은 저작권법에 따라 보호받는 저작물이므로 무단 전재와 무단 복제를 금합니다.
책값은 뒤표지에 표시되어 있습니다.